陈望道 著

陈望道 手稿集（上）

本书由复旦大学档案馆提供资料支持和经费资助

复旦大学出版社

上海文化发展基金会图书出版专项基金资助项目

谨以此书纪念

中国科学院学部常务委员、著名语言学家
中华人民共和国成立后复旦大学首任校长
陈望道教授诞生一百三十周年

陈振新　朱良玉

卷 首 语

在陈望道先生130周年诞辰之际，复旦大学出版社刊行《陈望道手稿集》是很有纪念意义的。作为先生的弟子，读到这部手稿集备觉亲切，深感欣幸。

这部手稿集，是陈望道先生哲嗣陈振新教授与夫人朱良玉女士经年辛勤搜录辑合而成的，所展示的望道先生的题辞、信函、教学讲义与学术文稿以及讲话稿等手迹，皆有着珍贵的文物价值和史料价值。从一百多年前望道先生致钱玄同、胡适、周启明等人士的信函中可以透露出先生在当年新文化运动中的态度意气；从望道先生的《中国文法研究》《论理学讲义》等文稿中可以映现出先生从教为学的博雅风范；从累积了望道先生逾半个世纪的书写中也可窥见社会变化的时代色调。同时，还可一睹先生的墨宝。先生无心作书家，而其运笔却自有法度，从早年的爽健至暮年的苍劲，先生的书风一贯，结构谨严，一笔不苟；于峻朗中寓有潇洒之气，于肃穆中寓掎角之势。赏阅先生手泽，可感受到他热烈而又沉静的神采。

陈望道先生是著名的学问家和教育家，也是著名的社会活动家。先生是新文化运动的先驱，他首译《共产党宣言》和参与建党的历史功业，他为中国文化学术和教育事业的现代化所作出的开拓性贡献，将辉耀史册。先生的道德文章、人格魅力，为世人所景仰。这部手稿集正是先生业绩与精神的一种载体。读者可以也应该会从中汲取所需的文化养料。尤其是复旦人更可从中观照、学习和认知老校长的教书育人的高尚情怀。

师兄振新先生命我为其所编这部手稿集作开卷之语，实不敢当，又推辞不得，只能在惶恐中因就所想草成此篇，奉作芹献。

陈光磊

2021年3月2日

中科院学部常务委员、著名语言学家、教育家和社会活动家陈望道（1891—1977年）

1945年陈望道（前排左三）在他创办并题写馆名的新闻馆前与师生合影

1949年陈望道在去北平的火车上为张乐平速写签名

陈望道会前签到（20世纪50年代）

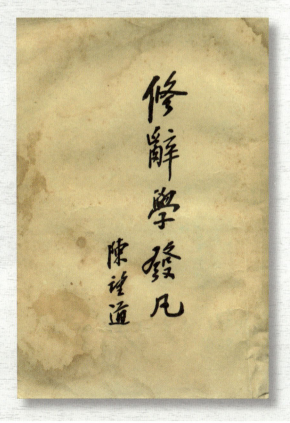

1954年陈望道为新文艺版《修辞学发凡》题写书名

1956年9月启用的陈望道手书简体"复旦大学"校徽

20世纪60年代陈望道在复旦讲台上

1964年陈望道为庆祝元旦寄陈振新的明信片

1975年陈望道赴京参加人代会时在他首译的《共产党宣言》上签名

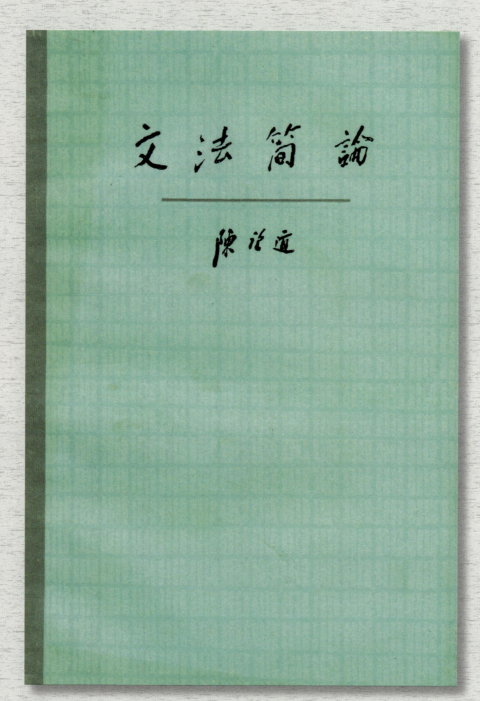

1976年陈望道为《文法简论》题写书名

目 录

卷首语 / 陈光磊

题　　辞

1927年为《复旦实中季刊》题写刊名 / 3
1928年为《复旦实中季刊》题写刊名 / 3
1934年9月评开明版"二十五史" / 4
1934年10月为《小说》半月刊第十一期的扉页题词 / 5
1940年为张自忠题词 / 6
1943年题写的新闻系系铭 / 6
1945年为蒋星煜题词 / 7
1950年除夕为复旦校刊题词 / 8
1950年11月为新文字工作者协会题词 / 9
1950年6月为复旦校刊创刊号题写刊名 / 9
1951年为复旦参加军事干校学生题词 / 9
1952年为复旦校刊题写刊名 / 9
1952年为复旦大学毕业生的题词 / 10
1953年校庆时为校刊题词 / 11
1954年5月为复旦大学学业优良纪念册题词 / 12
1954年5月为复旦大学首届科学报告讨论会题词 / 13
1955年为校庆题词 / 14
1955年为上海新文字工作者协会编辑的《语文知识》题词 / 14
1956年为复旦校刊题写的新年献词 / 15

1956年为复旦大学题写简体字校名 / 15

1956年6月为复旦第一届学生学习积极分子的题词 / 15

1957年2月为校刊题词 / 16

1958年为中国民主同盟上海市委机关报《上海盟讯》题写刊名 / 16

1958年为复旦校庆题词 / 17

1958年7月为复旦毕业生的题词 / 17

1959年为庆祝苏联革命成功四十周年为校刊题词 / 18

20世纪60年代为义乌文化馆题词 / 19

1961年为庆祝党成立四十周年在《上海盟讯》上题词 / 19

1965年为《辞海》（未定稿）题写书名 / 20

1966年为蔡祖泉题词 / 20

20世纪60年代末录毛泽东主席"为女民兵题照" / 21

1973年为复旦学生会题词 / 22

信　函

1920年12月致启明（周作人）/ 25

1921年1月致胡适 / 26

1921年1月致启明（周作人）/ 27

1921年2月致启明（周作人）/ 28

1921年2月致钱玄同 / 32

1925年6月致柳亚子 / 34

1934年3月致周伯棣 / 38

1935年1月18日致舒新城 / 39

1935年1月24日致舒新城 / 40

1935年2月12日致舒新城 / 41

1935年2月13日致舒新城 / 42

1935年2月16日致舒新城 / 43

1935年2月21日致舒新城 / 44

1935年3月10日致舒新城 / 45

1935年3月11日致舒新城 / 46

1936年8月致盛此君 / 47

1940年2月25日致杜绍文 / 50

1940年8月16日请校长室转杜绍文 / 51

1940年12月致杜绍文 / 52

1941年2月致校长室 / 53

1941年4月致盛此君 / 55

1941年5月致盛此君 / 59

1941年6月致葛斯永 / 62

1943年4月致伯华 / 63

1943年8月致伯华 / 64

1944年4月15日致章益 / 65

1944年4月15日致章益 / 65

1944年4月16日致章益 / 66

1944年4月20日致章益 / 66

1945年4月致子敦（金兆梓）/ 67

1946年6月致章益 / 69

1948年2月致子敦（金兆梓）/ 70

1948年5月致杨兴炎 / 71

1948年7月致伍蠡甫 / 72

1948年7月致章益 / 73

1962年12月致叶永烈 / 74

1964年1月致周扬 / 75

1973年致郑振乾 / 76

1976年4月致王晶尧、王学庄 / 77

学术研究文稿

（一）授课用讲义文稿

第一部 修辞学科补充讲义——"的""底""地"分用法（1935年9月桂林师专讲课用）/ 81

一、"的"字——作两种用法 / 82

二、"底"字——用作介词表示领摄（指前名说），表示所属（指后名说）/ 84

三、"地"字——用作副词的接尾 / 84

第二部　中国文法研究（1935年9月桂林师专讲课用）/ 85

中国文法的一般概念 / 87

第一篇　词论一——名词 / 128

第二篇　词论二——代名词 / 142

第三篇　词论三——动词 / 156

第四篇　句论——"实体词"的"七位"说 / 202

第五篇　词论四——形容词 / 235

第六篇　词论五——副词 / 257

惯用定准辞调查（文法调查表之一）/ 264

第三部　论理学讲义（1938—1939年在持志大学和1941年在复旦大学讲课用）/ 269

假言命题和选言命题 / 271

归纳 / 299

第一篇　概论 / 299

第二篇　观察和试验 / 302

第三篇　比较和归类 / 309

命题变换法 / 315

定言三段论式 / 323

三段论法 / 341

思想概论 / 343

判断的对当 / 345

命题的变式 / 348

三段论式 / 355

概念 / 385

假言三段论式 / 390

（二）出访讲学和片段研究手稿

出访讲学手稿

1964年4月19日在杭州大学的讲学稿 / 393

片段研究手稿

试论助辞（下）/ 415

文法新论 / 425

1973年为《因明学》重印写的前言 / 439

学习马克思列宁主义、毛泽东思想 / 440

怎样研究文法、修辞 / 443

谈中国语言学和语言的现代化 / 450

单词在句中的用法 / 457

有和是　主辞和对辞　意义与意指 / 491

"的"字的用法 / 496

略论辞词和辞词的分类 / 499

讲话手稿

复旦大学五十一周年校庆节暨第三次科学讨论会开幕辞（1956年）/ 509

关于改进学校工作的几点建议（1957.4.26）/ 516

1962年9月3日在迎新大会上的讲话 / 521

庆祝建校五十八周年及第九届科学报告会讲话 / 529

编后记 / 538

题　辞

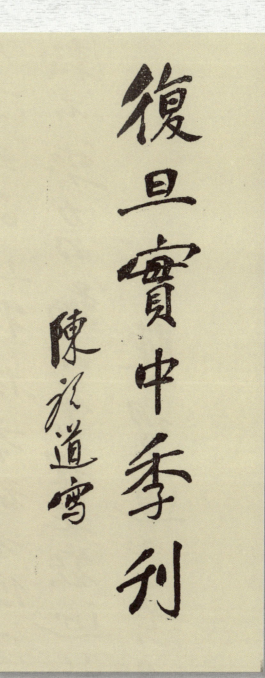

1927年为《复旦实中季刊》题写刊名　　　　1928年为《复旦实中季刊》题写刊名

我觉得籡式的二十四史就使有钱买，也没有地方摆，尤其不便带，像商务的百衲二十五史这样，摆在书架方便，带也比较不费力的翻印本，我是欢迎的。

陈望道 九月廿一日

1934年9月评开明版"二十五史"

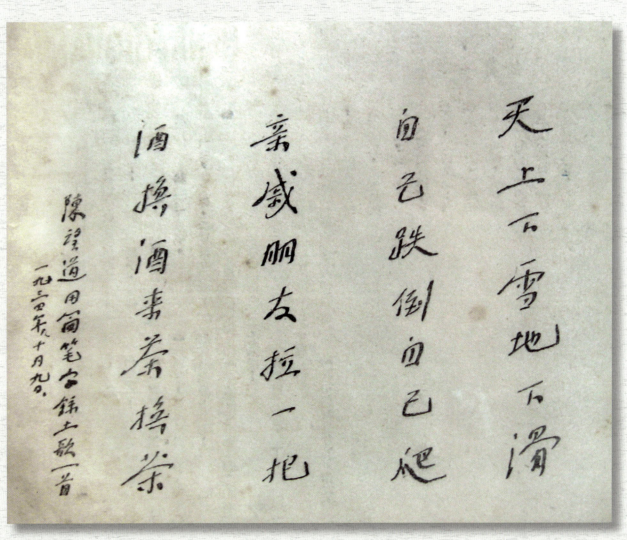

1934年10月为《小说》半月刊第十一期的扉页题词

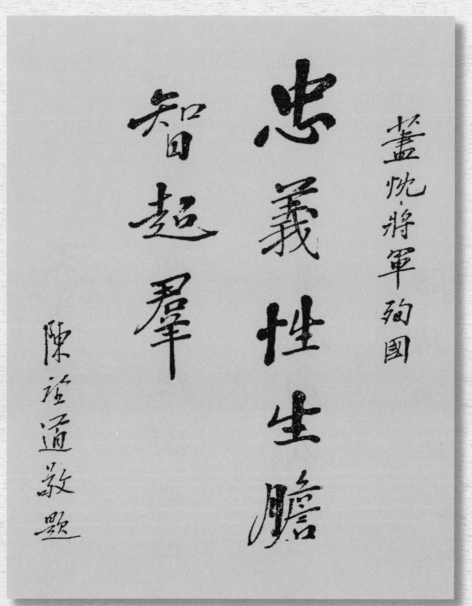

1940年为张自忠题词

1943年题写的新闻系系铭

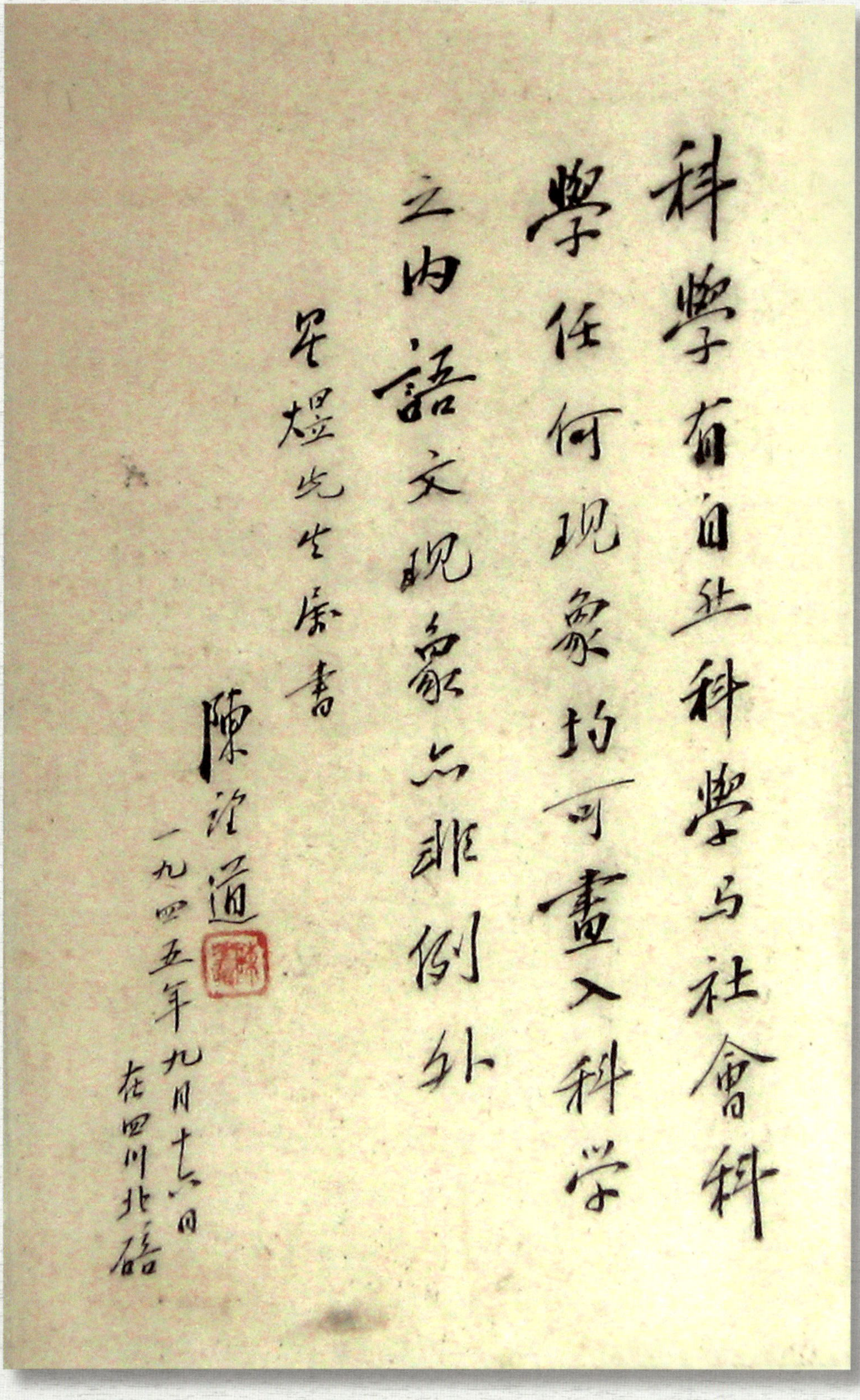

科学有自然科学与社会科学，任何现象均可画入科学之内，语文现象亦不例外

星煜先生索书
陈望道
一九四五年九月十六日
在四川北碚

1945 年为蒋星煜题词

迎接伟大的一九五一年,进一步,开展爱国主义与国际主义教育,进一步改善教学,加强学习。

陈望道 一九五〇年除夕

1950年除夕为复旦校刊题词

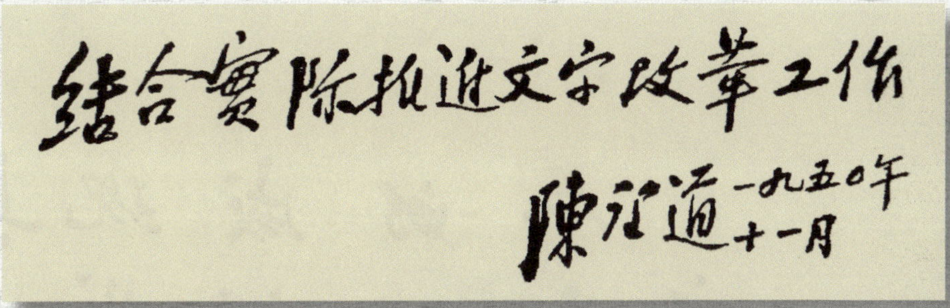

结合实际推进文字改革工作

1950年11月为新文字工作者协会题词

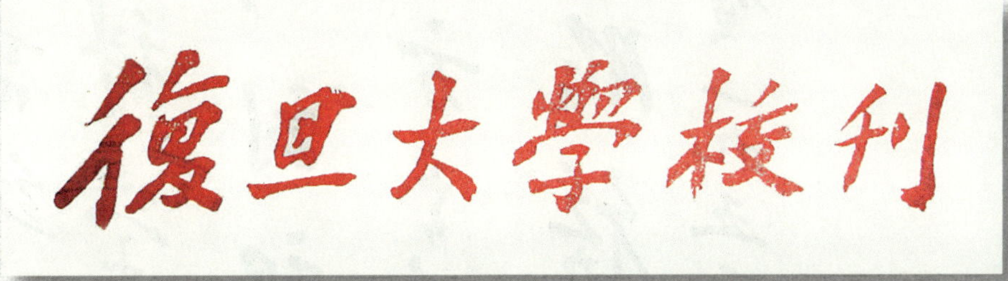

1950年6月为复旦校刊创刊号题写刊名

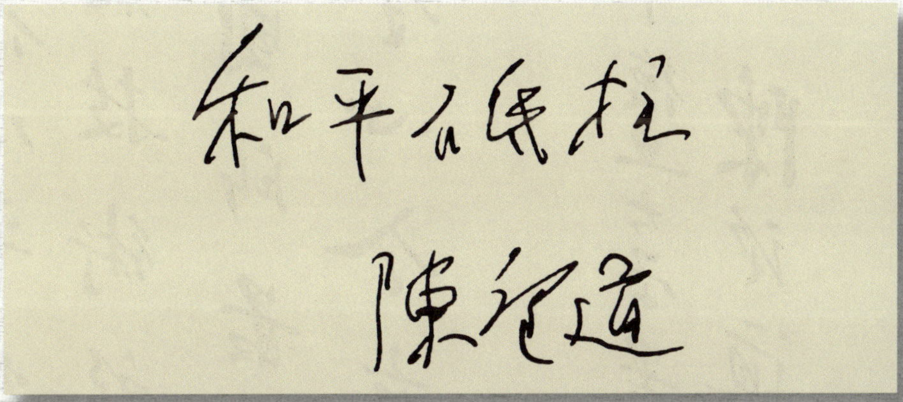

1951年为复旦参加军事干校学生题词

1952年为复旦校刊题写刊名

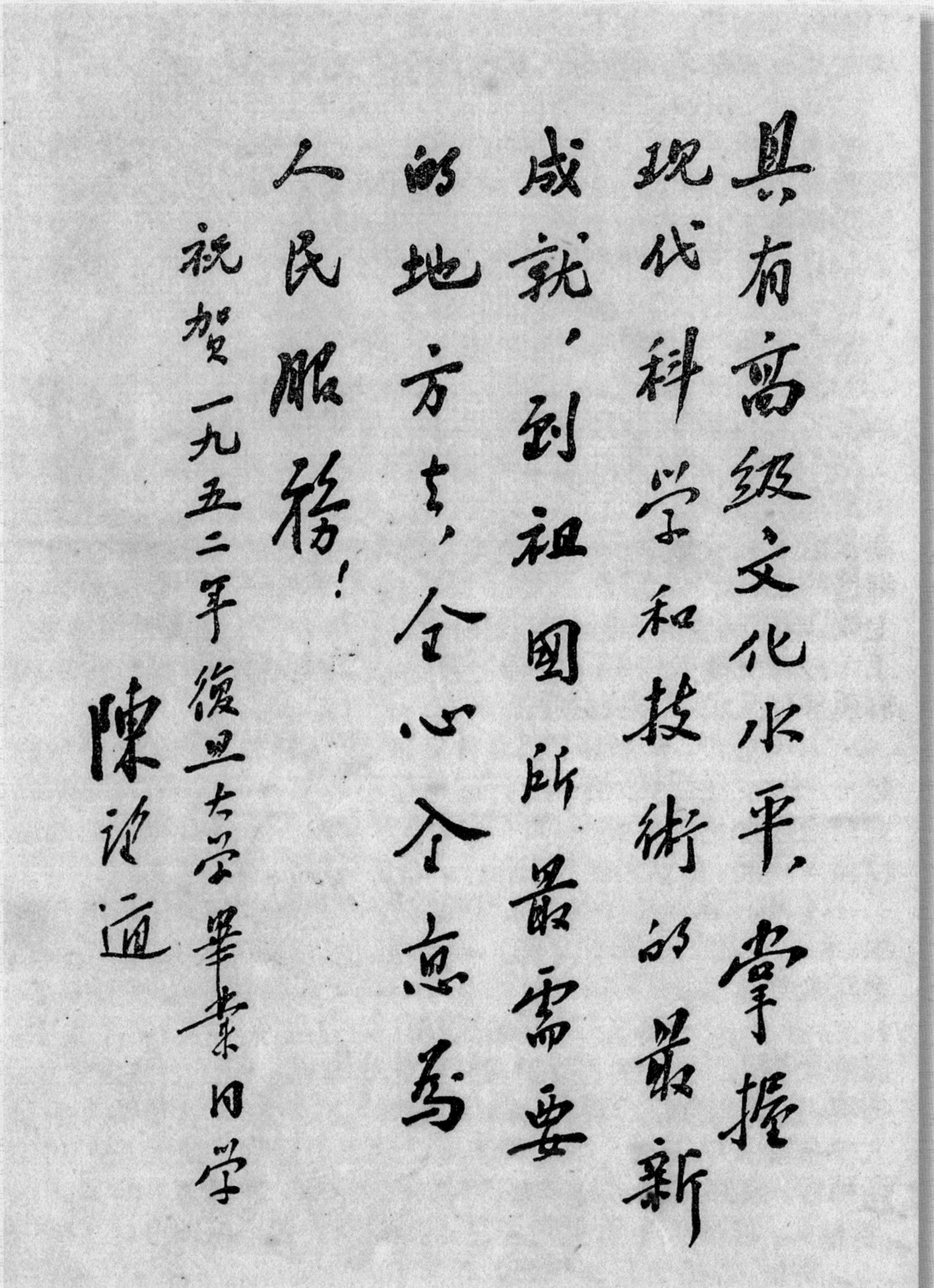

具有高级文化水平，掌握现代科学和技术的最新成就，到祖国所最需要的地方去，全心全意为人民服务！

祝贺一九五二年复旦大学毕业同学

陈望道

1952年为复旦大学毕业生的题词

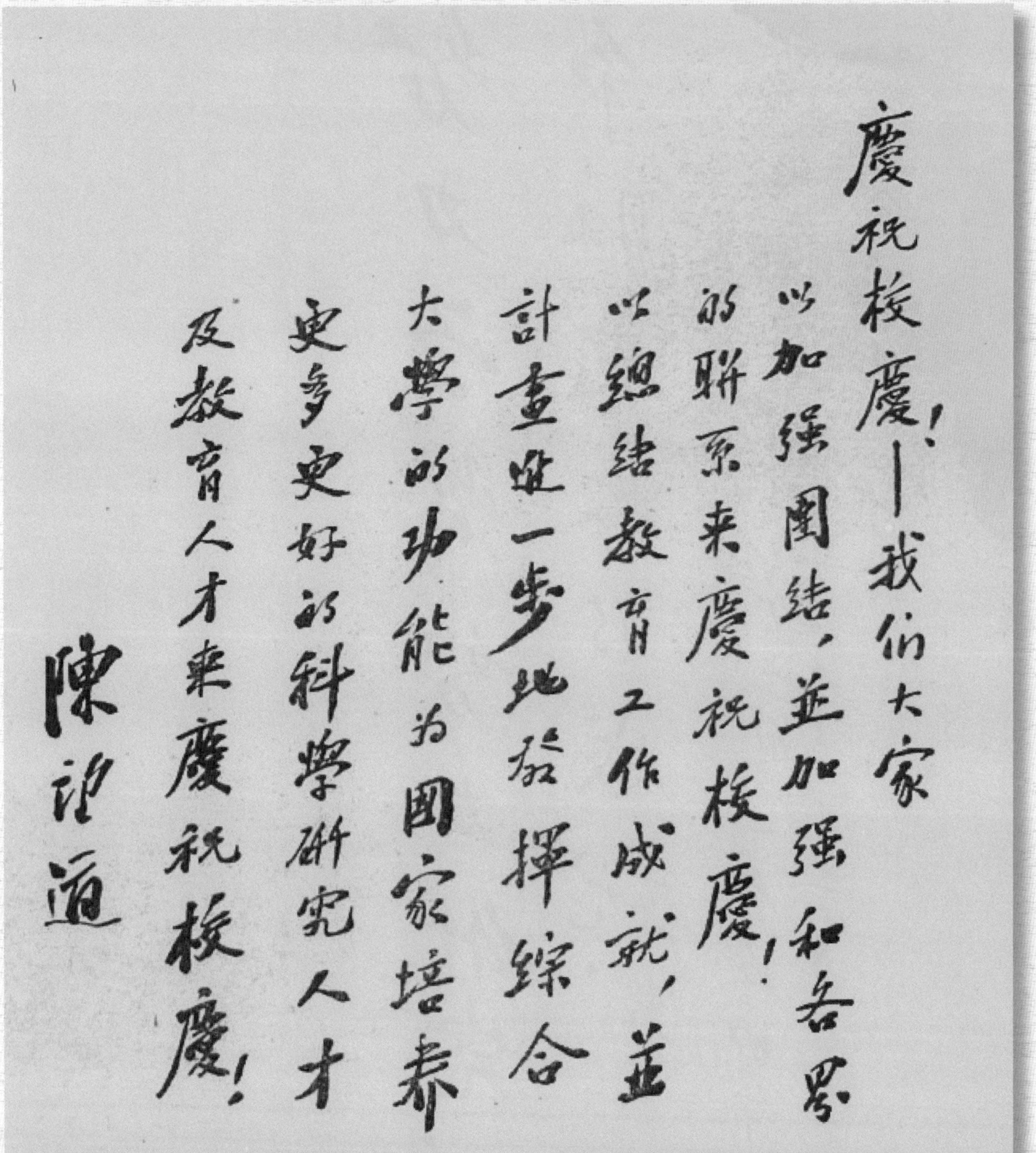

庆祝校庆！——我们大家以加强团结，并加强和各界的联系来庆祝校庆！以总结教育工作成就，并计画进一步地发挥综合大学的功能为国家培养更多更好的科学研究人才及教育人才来庆祝校庆！

陈望道

1953年校庆时为校刊题词

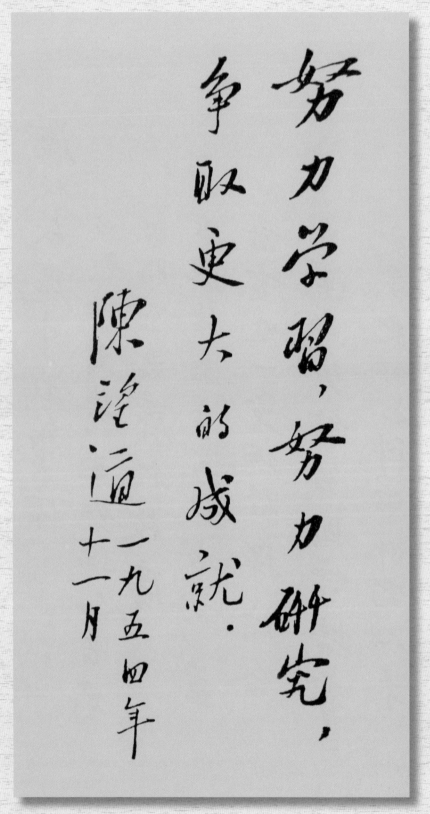

1954年5月为复旦大学学业优良纪念册题词

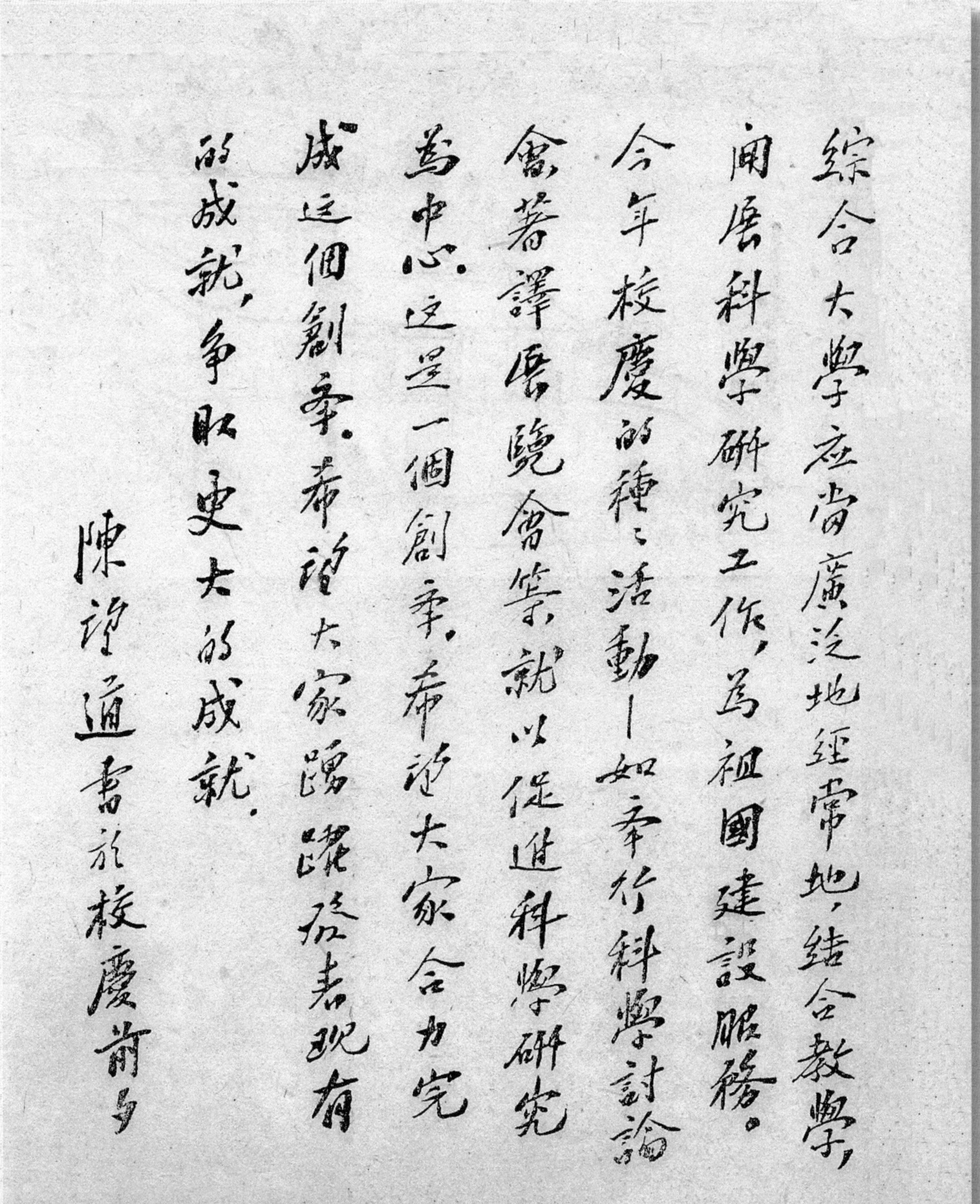

综合大学应当广泛地经常地结合教学，开展科学研究工作，为祖国建设服务。今年校庆的种种活动一如举行科学讨论会、著译展览会等，就以促进科学研究为中心。这是一个创举，希望大家合力完成这个创举，希望大家踊跃积极表现有的成就，争取更大的成就。

陈望道 书于校庆前夕

1954年5月为复旦大学首届科学报告讨论会题词

1955 年为校庆题词

1955 年为上海新文字工作者协会编辑的《语文知识》题词

题辞

> 祝贺1956年新年,祝贺师生员工们身体健康!
>
> 我们国家的经济和文化的社会主义的建设已经到达新的阶段,需要我们在教学方面,在科学研究方面都有更进一步的努力,祝贺各位在各方面都取得更大的成就!
>
> 陈望道

1956年为复旦校刊题写的新年献词

复旦大学

1956年为复旦大学题写简体字校名

> 努力学习
> 灵活运用
>
> 题赠复旦大学第一届学生学习积极分子
>
> 陈望道
> 一九五六年六月

1956年6月为复旦第一届学生学习积极分子的题词

提倡俭朴作风,反对市侩习气;
提高教学质量,反对粗制滥造;
这是当前需要努力的两件要事,
也是我们今后还要努力的两件要事。

　　　　　　　　陈望道
　　　　　一九五七年二月二十二日

1957年2月为校刊题词

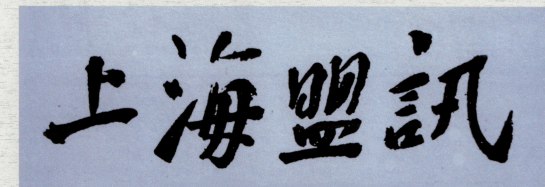

1958年为中国民主同盟上海市委机关报《上海盟讯》题写刊名

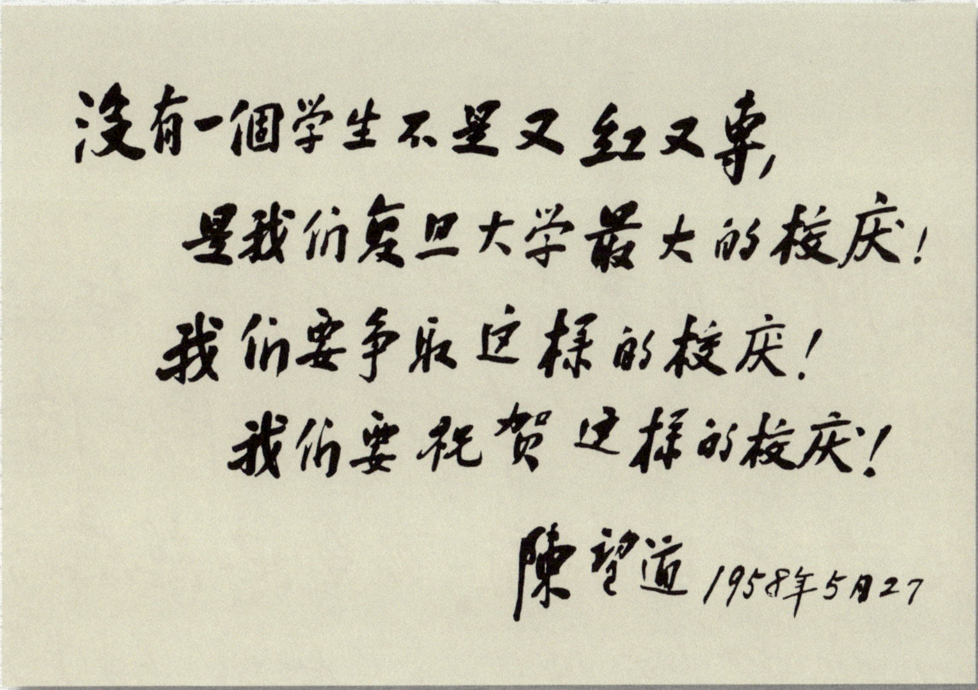

没有一個学生不是又红又專,
是我們复旦大学最大的校庆!
我們要争取这樣的校庆!
我們要祝贺这樣的校庆!

陈望道 1958年5月27

1958年为复旦校庆题词

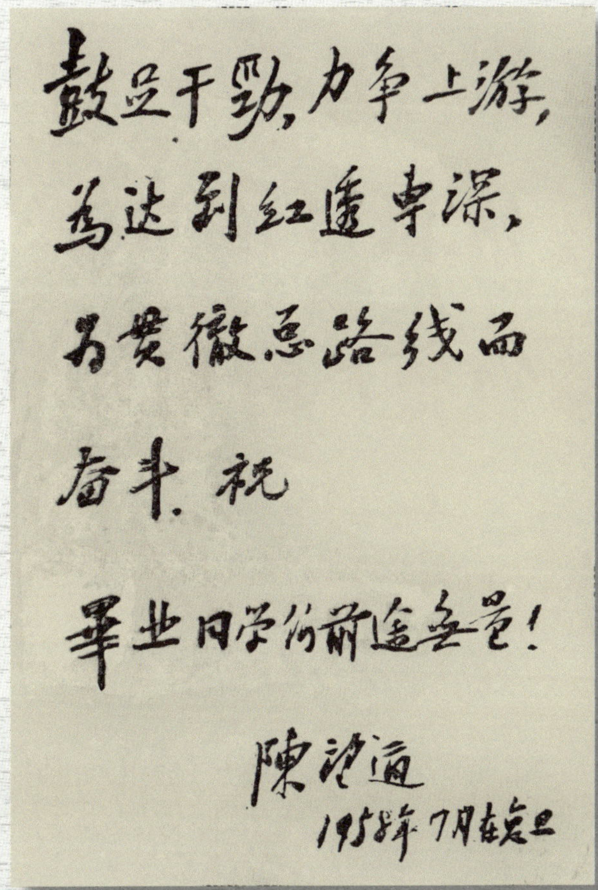

鼓足干勁,力争上游,
为达到红透专深,
另贯徹忠路线而
奋斗。祝
毕业同学們前途无量!

陈望道
1958年7月古定旦

1958年7月为复旦毕业生的题词

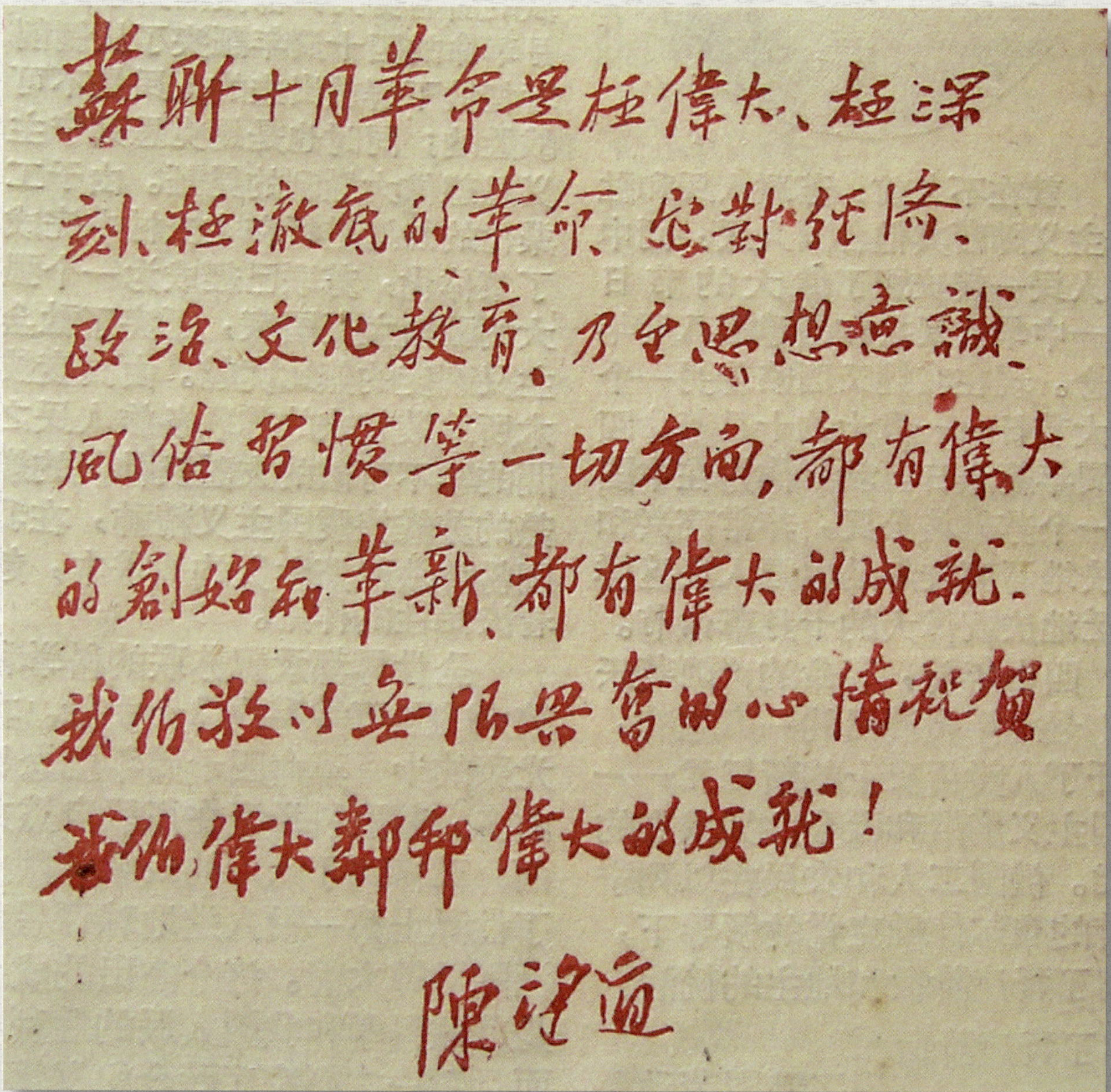

苏联十月革命是极伟大、极深刻、极澈底的革命，它对任何政治、文化教育、乃至思想意识风俗习惯等一切方面，都有伟大的創始和革新，都有伟大的成就。我们敢以无限兴奋的心情祝贺苏伊伟大邦邦伟大的成就！

陈望道

1959年为庆祝苏联革命成功四十周年为校刊题词

20世纪60年代为义乌文化馆题词

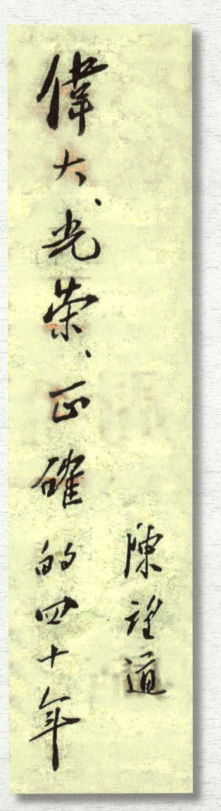

1961年为庆祝党成立四十周年在《上海盟讯》上题词

1965年为《辞海》（未定稿）题写书名

高举毛泽东思想红旗,为赶上和超过世界先进科学技术水平而奋斗。

蔡祖泉同志

陈望道
一九六六·二·三日

1966年为蔡祖泉题词

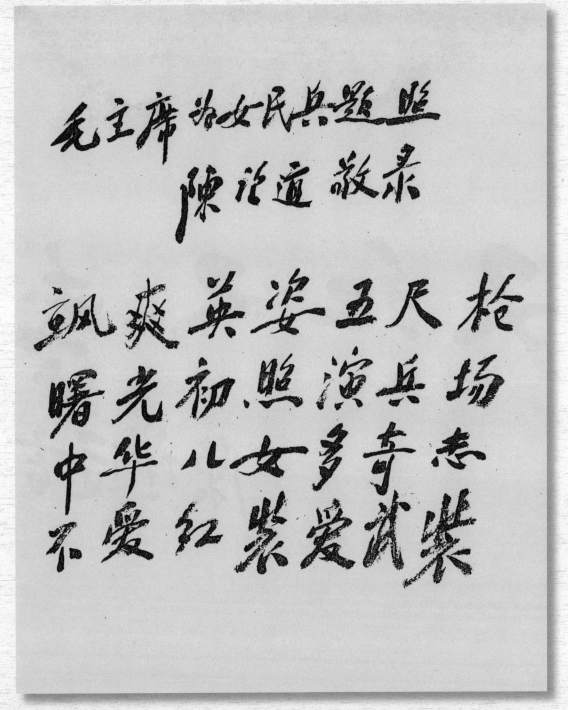

20世纪60年代末录毛泽东主席"为女民兵题照"

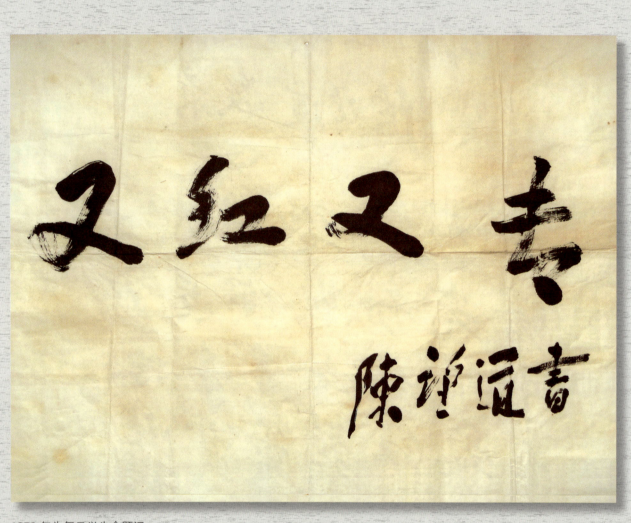

1973年为复旦学生会题词

信 函

启明先生，

尊译少年的悲哀，已经收到，并已付印了。

独秀先生明天动身往广东去，这里收稿的事，暂由我课余兼任。

前两期校对颇欠精审，损了价值不少，此回三校我想为已亲校，或许可以稍为好一点。耑祝

昆安。

陈望道 一九二〇年 十二月十六日答

1920年12月致启明（周作人）

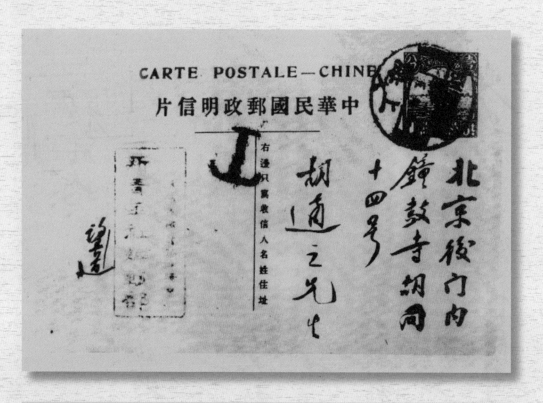

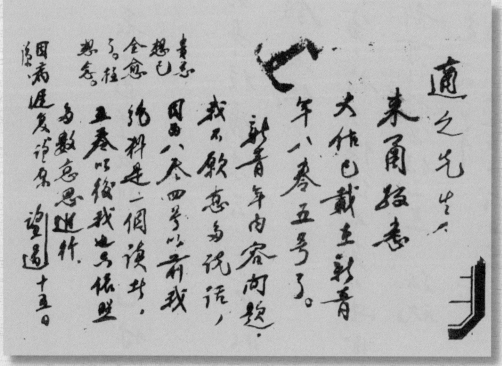

1921年1月致胡适

启明先生：

大著小说三篇已登八卷六期，九卷一期稿，请改作搜罗一点来。

诗稿也很缺乏，也请先生尽力。

胡适之先生已说不敢改诗，却自己争着由……我们颇不大敢请教他。但稿的由来，共有(主副)二由

希望先生多divide才，寻常，言闻诸先生多努力维持了。先生病好些吗？很记念着。望道

一九二一年一月八日

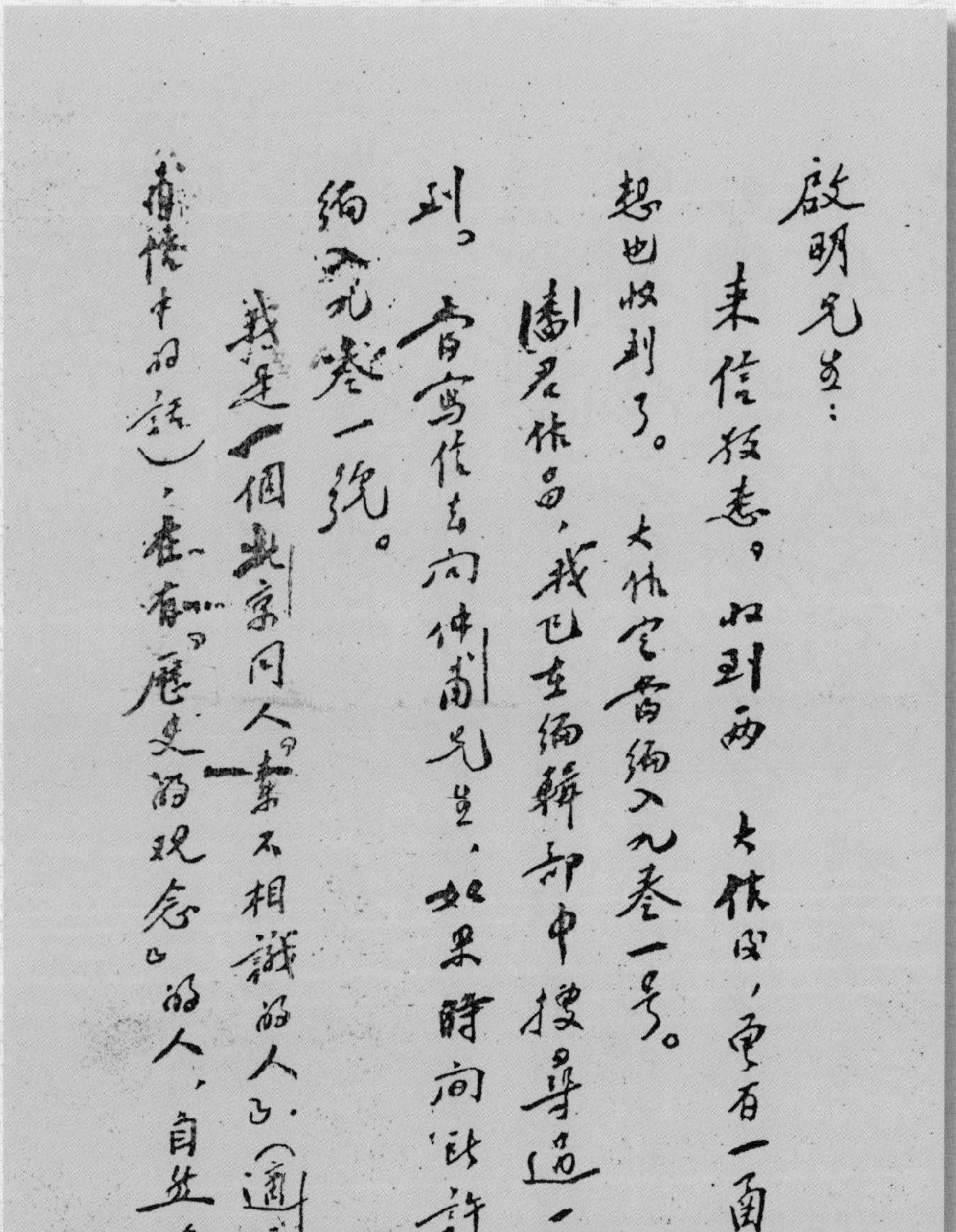

啟明兄：

来信收悉，如到两大体吗，更有一面奉复，想也收到了。大作曾当编入九卷一号。園君作品，我已在編輯部中搜尋过一遍，找不到。曾寫作去向仲甫先生，如果時間或許，定当编入九卷一號。

我是一個北京同人"素不相識的人子"（適之给我们看惯中的話），在春の"歴史的觀念"的人，自然格外觉仍有计谓"历文的周係",我也並不想要在新青年上佔一段時間的歷文,並且我是一個不信实験主義的人,對了招牌,毫無留恋。不過迺三先生底態度,我却敢斷定錯,不能信任。但這也是個人意見,因係追行自应認固錯底意志。

现生行在北方,我不很知南方情形。其実南方人們,向新青年目錄已不同起他了。這便因为他底態度錯人懷疑。懷疑的重要资料:改造上劉先生業序

1921 年 2 月致启明（周作人）（2）

文、中学国文教授，步试主我，争自由。

胡先生总说内容不对，其实他云他他们文章撇下不谈。他们不做文章，自亦觉得别人的文章为；别人的文章为，自亦他有些看不入眼了。人们各有志，各有所字，除非文字向诚足以支配一切，如"易卜生主我"足以范围一切。实际，易卜生也不单范围一切。总之，所谓"周氏兄弟"走我们上海广东同人等一般说并要共同感谢的。务如先生们病中也替我青年做文章。

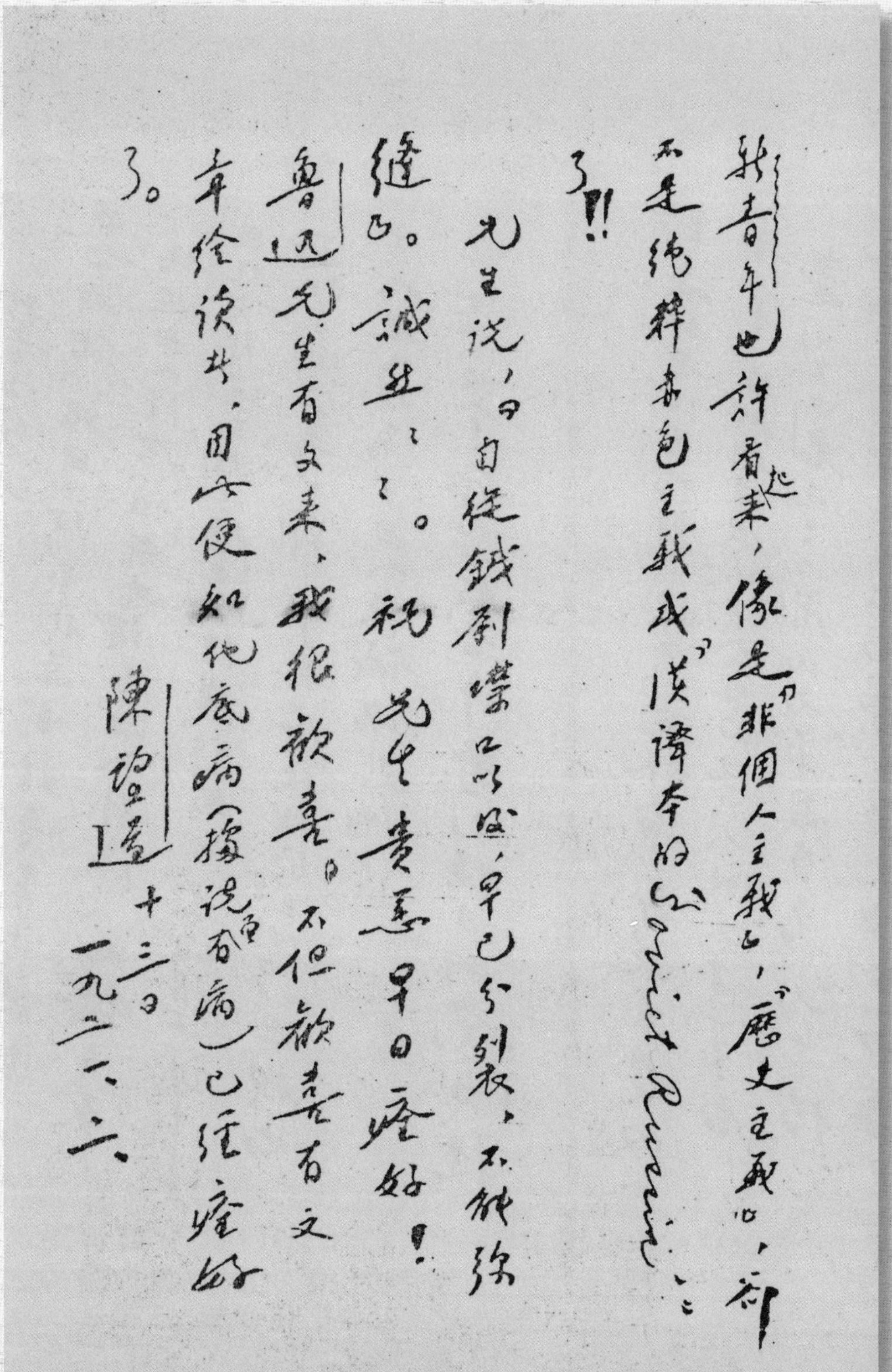

新青年也许看起来，像是非個人主義了，"歷史主義"也，却不是純粹表色之我或"漢譯本的Soviet Russia"了!!

先生说，可自徑钱刷嘴吧以後，早已分裂，不能弥縫 ，诚些。祝先生貴恙早日瘥好！鲁迅无生若有文来，我很欢喜，不但欢喜有文幸祭谈共，且此便知他底病（據说有病）已經瘥好了。

陳望道 十三日

一九二一·二·

玄同先生：

新青年六卷一纸上，承先生给我许多教示，非常感谢。归国以后，本拟在新青年上请教，辈子唤起世人注意，但看思潮已注入别港，也便不弹此调。又行，发现浙江开道两种横行的标点的杂志——足教育潮，二是十月刊——暑、寒现我们主张，但我也玄，依并如故了。中国人心，诚堪悲观！

文字改革之後，一般青年勇已极力研究白话

现在外间评论，新说与旧说都是没有指针。现在战斗的破坏，合理的说讪（就文学）方面等一，在这先生并鲁迅先生与周氏兄弟最有力。也先生力时常著表态见，当从动力极大，四海之大，但每先生并为力。先生传内容再很快的进步。孟真别的杂志，——如学艺，民铎，——今年都已有讨论新文化的计画，新青年！是最初提倡的，——似乎更要奋勉方——先生以为怎样？

独秀先生要到广东去时，适遇陈复旦大学事，因承他要我替新青年暂时代收稿。现在就住在社内编辑部里。偶蒙赐书，请寄上海—法界环龙路渔阳里二号，——如寄不到这里就是。

先生新年安好。

祝

望道十二日
一九二一、二

1921年2月致钱玄同（4）　　1921年2月致钱玄同（3）

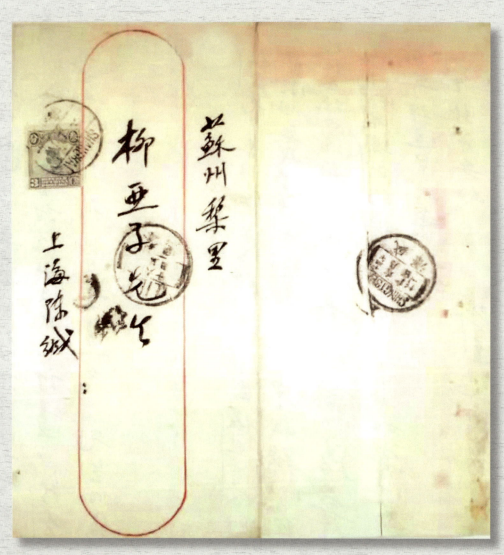

1924年6月致柳亚子（1）

亚子先生：

来信早已细读了。因曾往宁波绍兴等处讲演了四处，又赶着编讲义，回信却耽搁到如今。

下期的《南社》，我定做一首自己以为还可见人的东西，对于文学革命的意见，拟简单地稿成就成，不作论文。不知先生以为何如？理由便是因为内容太不预备了。

关于新派社员的事，自那日先生和我面谈后，我已决定作先生信中所述的计画，今见来信，更是促进我决心，勠力前及，勠当努力。雁冰贤江可以介绍入社。我最的意否先生叶天底（此人常在苏州评论上作文），一少年画家，点已嫁其入社。还有我所极敬爱的女友吴怡怡先生（此人即日我和力子在医院楼上看你时，曾提议诸我介绍加入，当时我不置复），你一画家蒹文家命介绍入，

1924年6月致柳亚子（2）　　　1924年6月致柳亚子（3）

（三）

及我所极致畏的女友蔡慕晖兄也，係一研究欧美文学的青年文家，这两人就藝術及婦女问题都有卓见，是我平日最心服的两位友西兼师的友，暑期兄面时，兄擬以入社相请，我或肯，或不肯，当不可必。我觉此意，原於现在社中女子，似嫌少有近代式的人，男子与他定隙，不但不能矫正话襲的劣见，且足激出溥泉式的語，其实溥泉式的话，在文学上固像穦滑，印

（四）

在婦女问题上也太闹玩笑的可以了。望道天生愚拙，对於当代名宿的高诣，每多不解，暑暑批评，大抵無伤於高明，祗是見我辰不学。因兄生那芾新南社的宣言，使我对於兄也直言之，遙懷了无边的欣慕，因敢披礼为兄之前，或者不會太笑是少年气之氣？。近编修辞学發凡，用功颇勤，每。徹夜不眠，大白攻研文学史，六是如此。我们两人都抱著魂，一思

1924年6月致柳亚子（5）   1924年6月致柳亚子（4）

证明新文学并非是江湖壶浆者流的市语，旧有美贺实与旧文学相通而跨上了一步，一思证明新文学仍然是旧文学衰颓后的新异精神。前者是我表愚诚，後者是大白展俊乡命。我们两人，都是立誓不做文言文，廿殷度人说是不通文言文的人了。此次工作，就是想站在自己的立脚地上，再加文言以一拳或一推，是否先如博浪沙中一击那不计。逸云我以为现在文学革命的精神，列所不计。

1924年6月致柳亚子（6）

命令南京临时政府已经成立，所急需的是多数的清乡委员，去勒清各地底拖辫子，只要不怕年知乡民（如曹慕管）纠集械斗，努力不去辫子是逸可以少了戒根的。我把帝视先七纸乡诸委员的领袖，看到辫子便剪，而自己列先着致厉老街上走。先生苦有这样的意思麽？来信太谦，以役为帝政正，即颂

俪安不一

望道六月十二日晚

1924年6月致柳亚子（7）

伯棣兄：谢々你和舒兄等的盛意！稿哲我在会稽无论选文译稿，每千字都作五元算，即所谓AAA者也。中华普通都是每千字三元，刘四元巳属破格，岂复有求？时向我恳在暑假前人译成，但为预防中间或有生病等数阻隔，便想将来另约人稿起见，擬定为年底缴稿，如何？乞费神和舒兄等一商。

原来前在专科师范教授美学时，曾细读过那本书，已在一二八遗失了。按到来信後買了一本来，一看知版数颇有误记。足下订第六十八版，现和六年五月十日出，並非百版。百版係同丛书中别理学之版数。此恐年关繁要，但为作家起见不怕不声明。原书为若波书店擔任费数書估九扣。字数如起兄不怕不声明，譯成中文大约约打八折，大约当有十三萬。原文有十六萬，譯成中文可打八折，敬此即祝

健康

弟望道 三月廿三日
中華民國廿叁年叁月廿四日

1934年3月致周伯棣

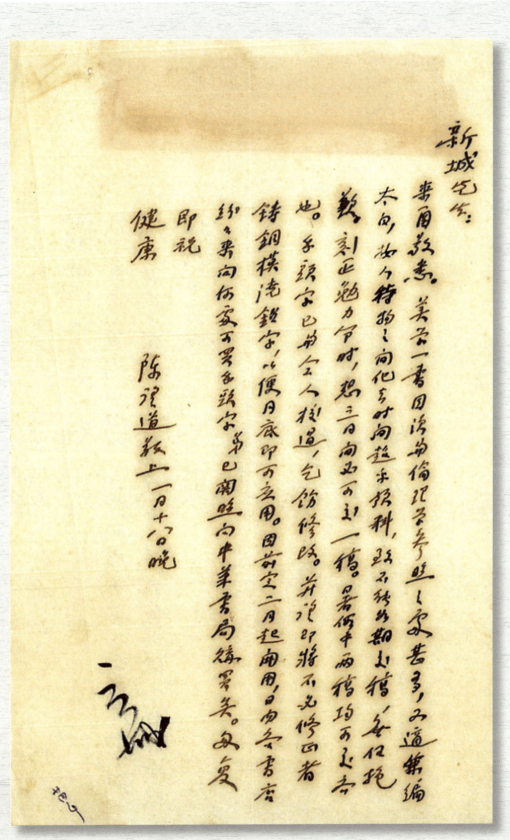

新城兄：

奉函敬悉。美学一书因译者伦扎名字照～家著～，不遵繁编本句，故々特物々向他言明向题手捂科，致不致延期无误，务但瑰
勤。刻正勉力分时，恐三月向始可达一稿，届时两稿均可毕事
地。手头字已劳全人搜遍，包饴修时。并拟即将不无修四者
铸铜模浇铅字，以便月底即可立用。因前定二月起南用，日向参事套
钞々要向你家可罢套鉛字第已商吐向中華書局籍署耸，另复
即祝
健康

陈望道敬上 一月十八日晚

1935年1月18日致舒新城

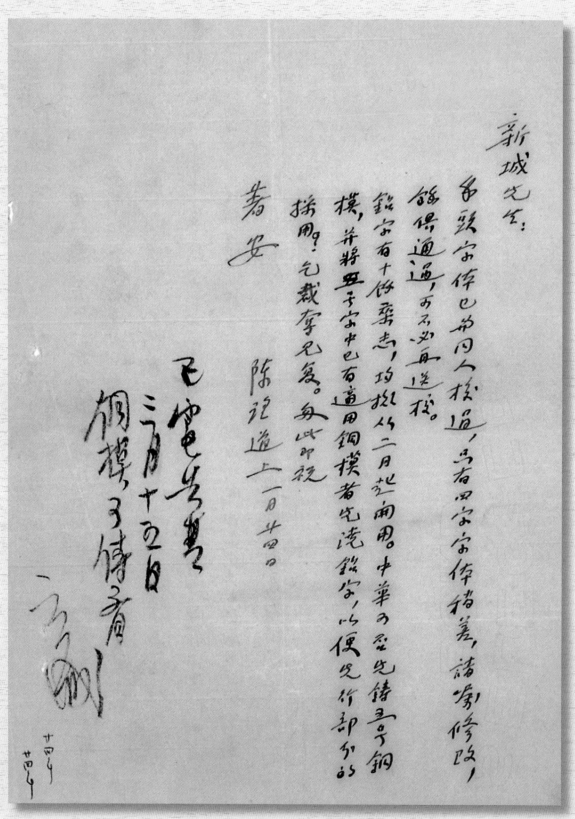

新城先生：

各种字体已嘱同人校过，兹者四号字体稍差，请嘱修改，铅锅通通，不必再送校。铅字有十余种志，均拟从二月起南用中华书局先铸三号铜模，并将四子字中已有道用铜模者先浇铅字，以便先行那分的采用？乞裁夺见复。专此即祝

著安

陈望道上 一月廿四日

已审毛笔
三月十四日
铜模子传方有

廿四
廿四

新城兄鉴：

关于书头字百两本拟奉告兄执行：

一、韵按稿兄"祝"字手头字刻作"祝"，这是错的，乞改作"祝"。

二、信以别四个名签字，乞加入发信人，项序如下：

王特夫　加在王独清之后
王集从　加在王特夫之后
孙师毅　加在孙俍工之后
葛春　　加在路敏作之后

专此即祝

健康

陈望道上　二月十二日

又：上文编版费空亦考有。
南山一付
生活二付
现代一付
共四付。谅兄必已收足，希有回音。又及。

1935年2月12日致舒新城

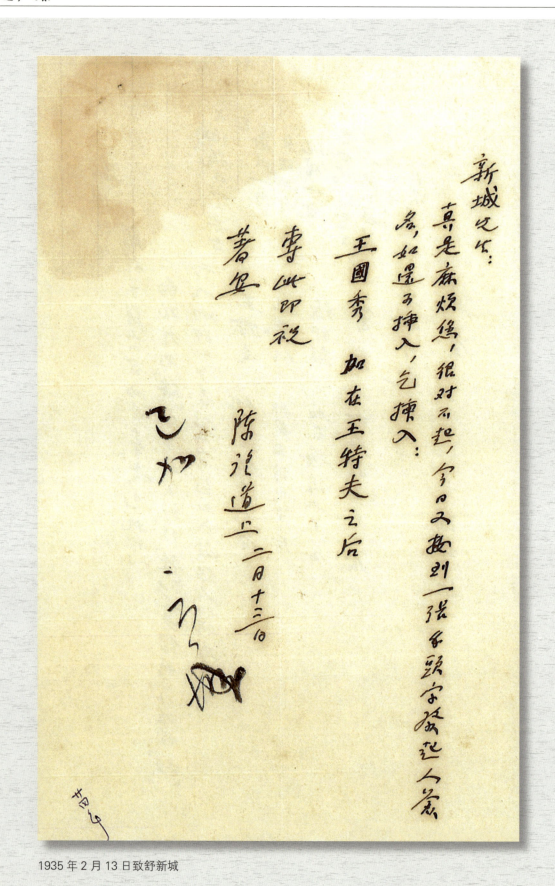

1935年2月13日致舒新城

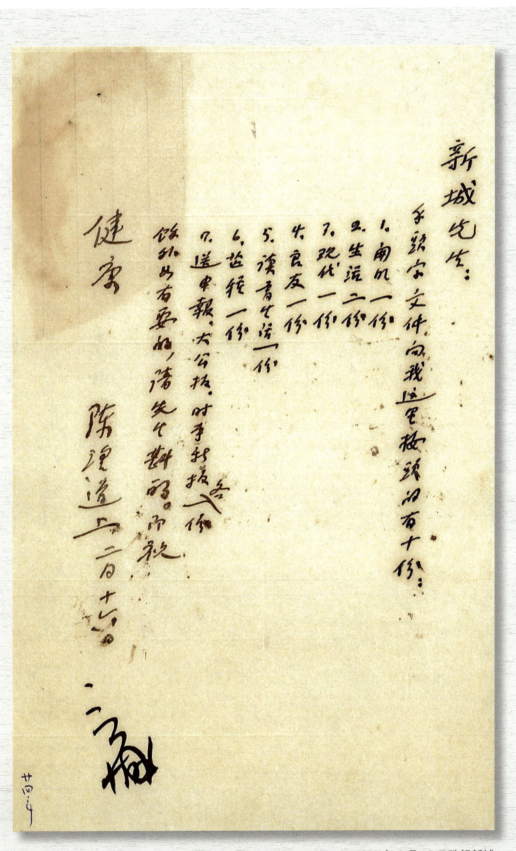

1935年2月16日致舒新城

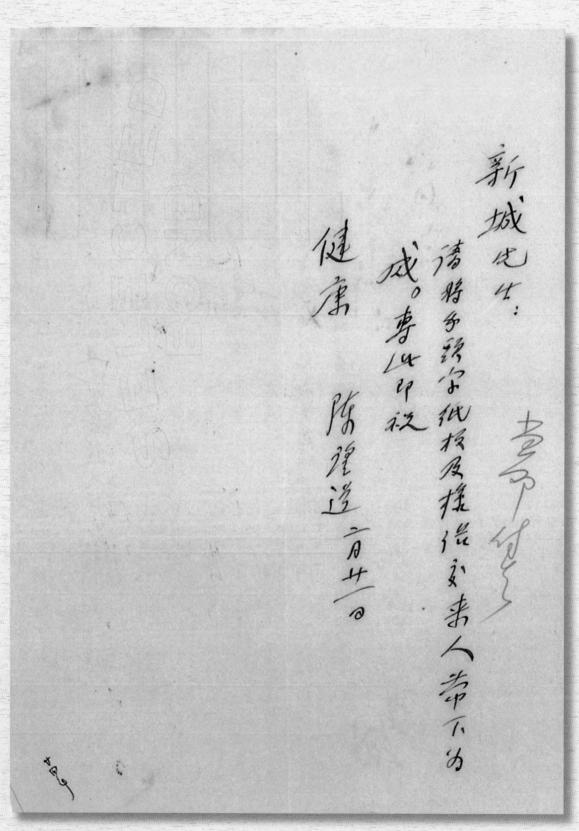

新城先生：

请将手头字纸校及搋俱交来人带下为成。专此即祝

健康

陈望道 二月廿一日

1935年2月21日致舒新城

新城先生：

昨日承邀挞忙到会甚成。兹将结果列下：

1. 决定着手筹备中国语言学会，公推下列七人为筹备员：舒新城、蒋梦麟、胡愈之、曹聚仁、乐嗣炳、陈望道。并定于下星期六（即本星期之下午三时）在南京路新雅三楼开第一次筹备会，由陈预备，牌上标书陈姓名。

2. 在学会未成立前，各项字会照常进行。票选下列三人组一委会，办理会费，并分司下列各事：
   1. 陈望道   秘书主人（得票十二）
   2. 夏丏尊   会计（得票九）
   3. 曹聚仁   文献保存（得票九）

其他为供议、筹画等。敬请兄与下午三时驾临指示进行，不胜翘企。即祝
著安

陈望道上 三月十日下午

古今与偏
十六九为还
乃胼出声卖印记

新城先生：

昨发一信，报告中国辞书学会筹备会之一，它於十七日下午三时在南京路新开第一次会，想已接到当时通知两章，现在补陈数点：

一、新辞书会议决，请中华书局代铸六号新五号及四三各号字体铅字，以便普遍应用。要请先生助成。

二、俟我个人提议，中华多头铅字铸成时可否登一广告，通知各出版家，印刷所，到中华买铅字以便大家知道此种铅字在那里可以买到，并且可用中华发卖，增加我们人们对於新辞书的重视。

以上两事是否可能，乞赐答复，随时并预示发为至幸。每日即颂

健康

　　　　　　望道 三月十一日

此君先生：

这次旅行比起去年同季节上沙发行来，简直一是天堂，一是地狱。去年旅行到根我实在有半月不运魂。这次因您这细心周到工热忱地招人情的人同行，却是不有旅行之劳但有旅行之苦的。不是累了您带着一个将来的小宝。又累了陈先生是累了陈太太小陈先生及摩公时及要被我搅扰了好多天，并害了陈老老伴们心实照应我，像照料我自己一样似的。

能我才会走路扎衍扎闹的细老等似的心家实不安。一切只有托您代为道谢。

我一到上海，就天天忙着会客谈话吃馆子，天气又热，起居又不够睡眠，有时要谈到晚二三点，有时要睡着门口起早，把我们床上叫起来，像住晚南明书店编辑再客闹进来。把我们床上叫起来，像住晚南明书店编辑夏丙等就是晚上十一二来叫门的，直到近十二三点才去。种々繁乱使得我山病了发天，久想给您写信，直到现

1936年8月致盛此君（1）

在才答应,就是这个缘故。您总是当局诸我的罪。因为我觉得您知此老妻,差天连地设的一对,最会使谁人的。诸君徐此意,潘敦多的学校一到就进行,但空空工很奇怪,许多人都不在上海。叶在苏州,施在一写到这里又忽然有一位任宗钧闻进来,说闲打用防文学"的论争问题,一谈谈了三三钟,斟。送佐钧到电梯,又有一位作家许杰来谈了二三点钟,谈的也是"国防文学"。他在上海的文学界是手上,此是国防文学,把我写信的航空快信的时间张俗了半天了,赶快批下去守罢——北平,你来知道新进工在青岛。上也是国防文学,泡也在北平,龙说他也就北平大学职。我者印写信叫他们到上海来谈。叶巴州,谈过两次,终不肯云。埋由无以钧力不够问。

新起了房子，徐佛瞽了龤，不曾晓。施蛰存近我前索的没有要作，但耶信是由西学新的，被西学者选去了日不见了。捷说署雨是闷当暑我想为有意思，他可以来，但是有條件，耶條件而等说不出来了。今信叫他，他還沒有来。此外多面苓（他也說明尽職，半春为止，外交部，哲世都见过，碧的都供给不够表。又有宗融，許傑两位很忙累，只惜遅是此若還没有法宫的。還有一位教寻教授很会穹文章的割箋字也是我令信。人不转多预期，奪倚，起予也见过，他现来正在办老以半月刊，如果法宫诗，他戌許可以寿窍令给，说去此等已雨行，當箋画政令给。姜君逼依快列德的雨荊，另外不再寄了。但戴德平安，幷介密々懷念，皆牧径诠降，好，中国畫加。

我寄字任公寓来给仍加天马社。
又及

南山大鲜子青二十日
一九三六。

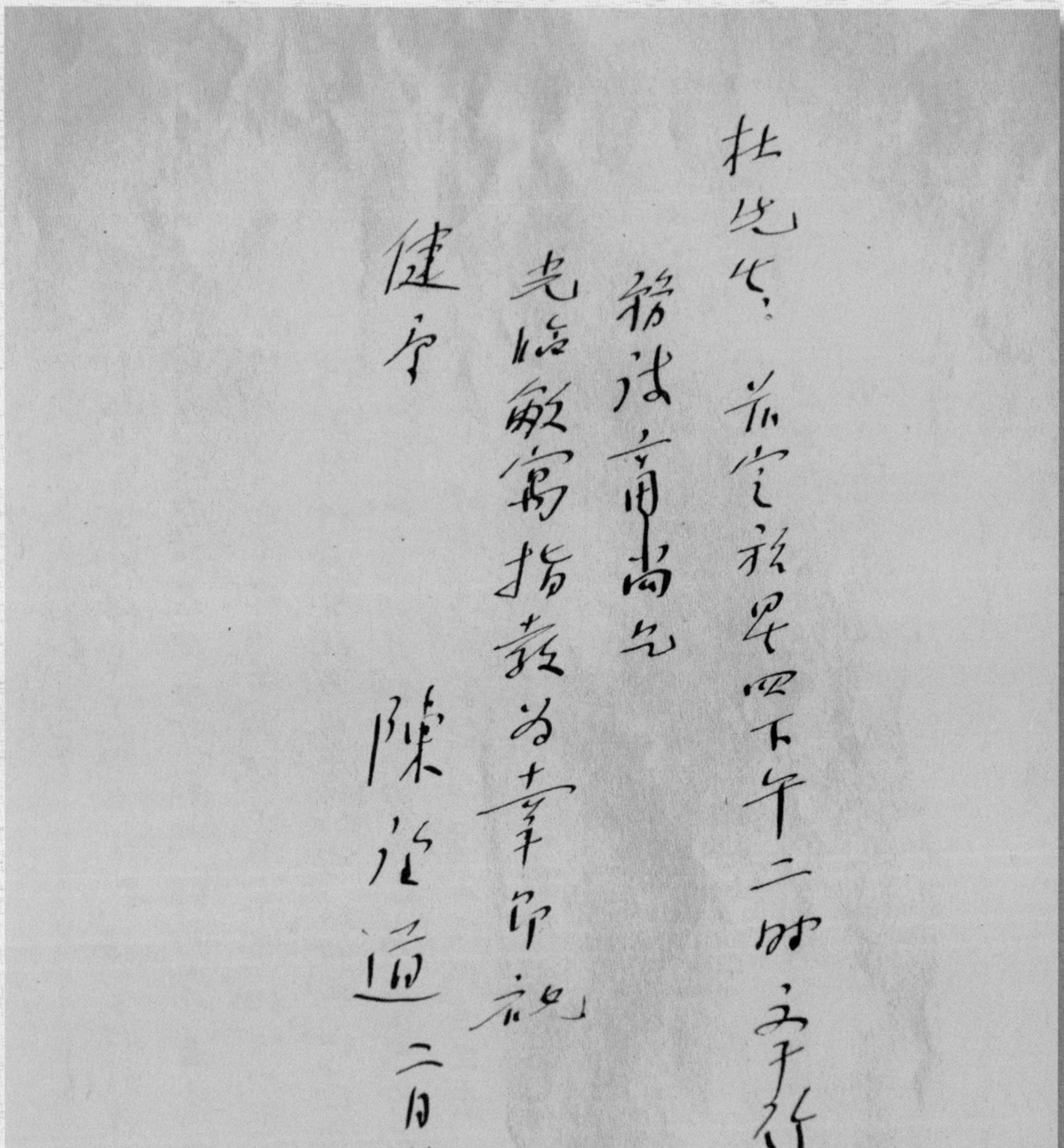

杜先生：兹定於星期四下午二时，至于行素

务请青甫尚兄

光临敏寓指教为幸 耑此 祝

健安

陈望道 二月廿五日

1940年2月25日致杜绍文

國立復旦大學
FUH TAN UNIVERSITY
SHANGHAI, CHINA.

孫宇軒、游仲文、劉昌平三生論文原由
小少夫教授指導，現因小教授专職退回
校長室，請送請
杜紹文教授批閱

陳冠道 八月十七日

蓄疽味州（人性趣味 Human Interesting）
地方趣味 Local

1940年8月16日請校長室轉杜紹文

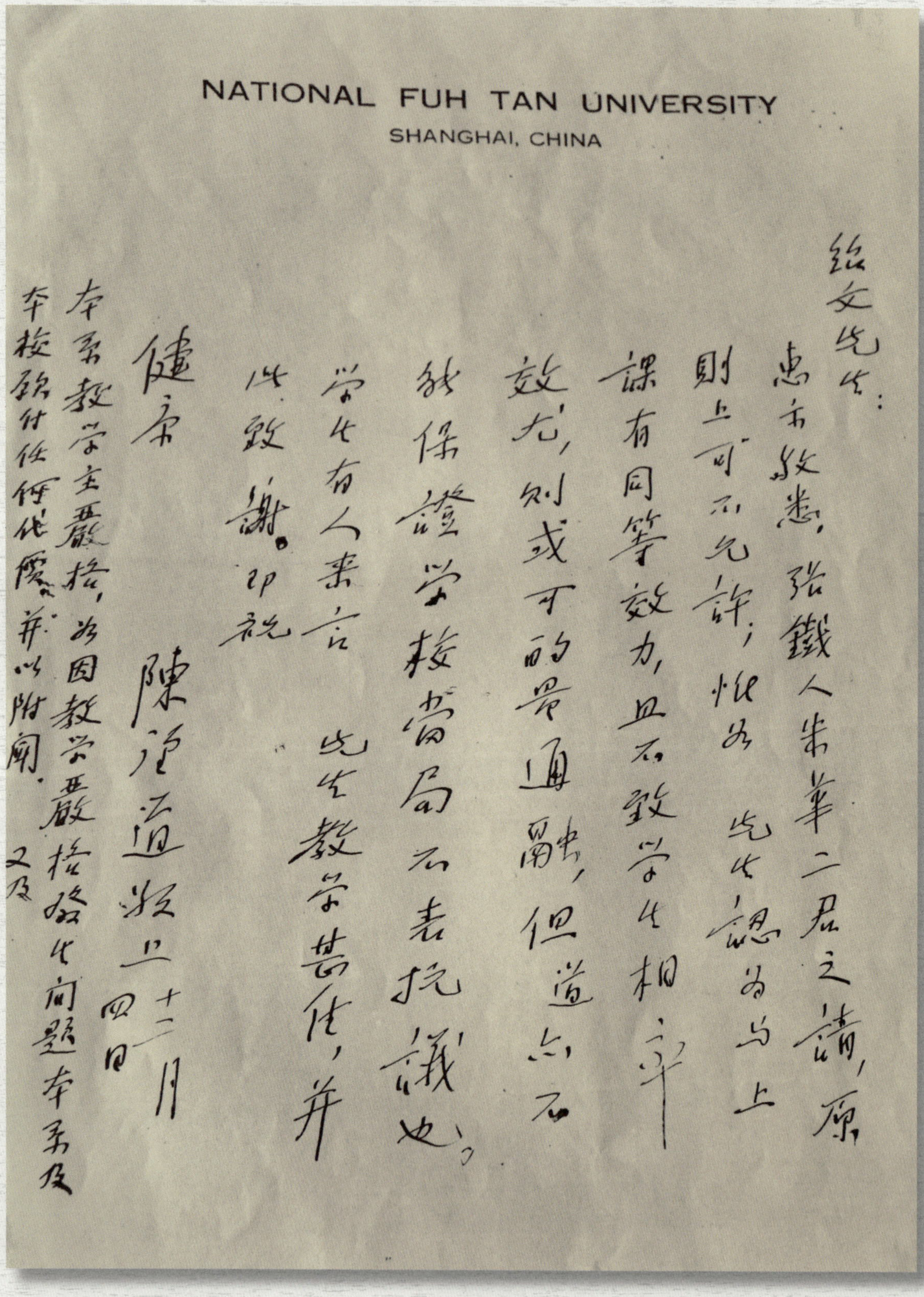

NATIONAL FUH TAN UNIVERSITY
SHANGHAI, CHINA

绍文先生：

惠示敬悉。张铁人朱华二君之请，原则上可允许；惟与先生认为与上课有同等效力，且不致学生相率效尤，则或可酌量通融。但道恐不敢保证学校当局不表抗议也。学生有人来言，此等教学替代，并此致谢。即祝

健康

陈望道敬上 十二月四日

本系教学主严格，兹因教学严格路线问题本系及本校颇付任何代价，并以附闻。又及

久任教員獎金業內遵辦引入十年以上一等之內

竊別道自民八四國以後即歷任各大學教授

至今二十餘年從未間斷計曾服務有私立復

旦大學（十一年半）上海大學（四年）持志大學（四年）安徽大學（半年）

國立勞動大學（一年）東吳大學（一年）廣西

大學（二年）國立復旦大學（二年餘）其間有相當

複者除去重複尚在二十年以上惟抗戰以來證

件散失是否可由晉等之請求致祈

國立復旦大學

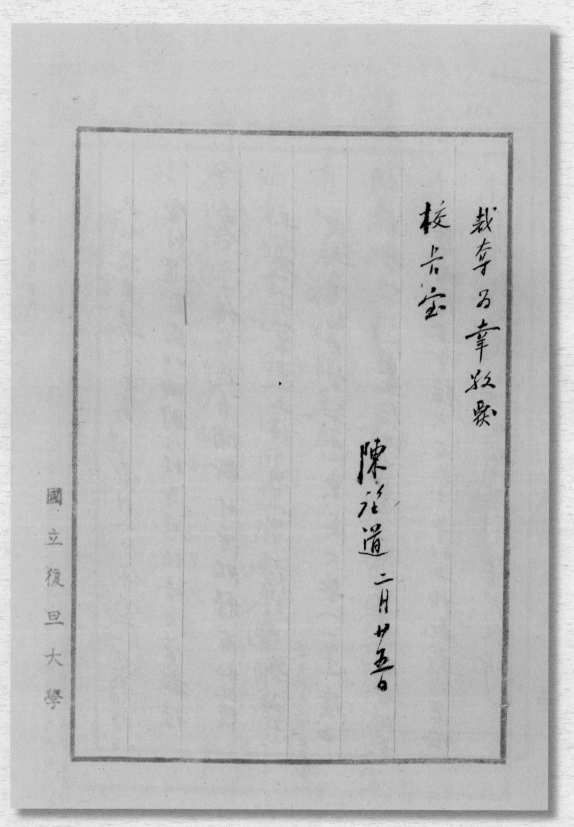

1941年2月致校长室（2）

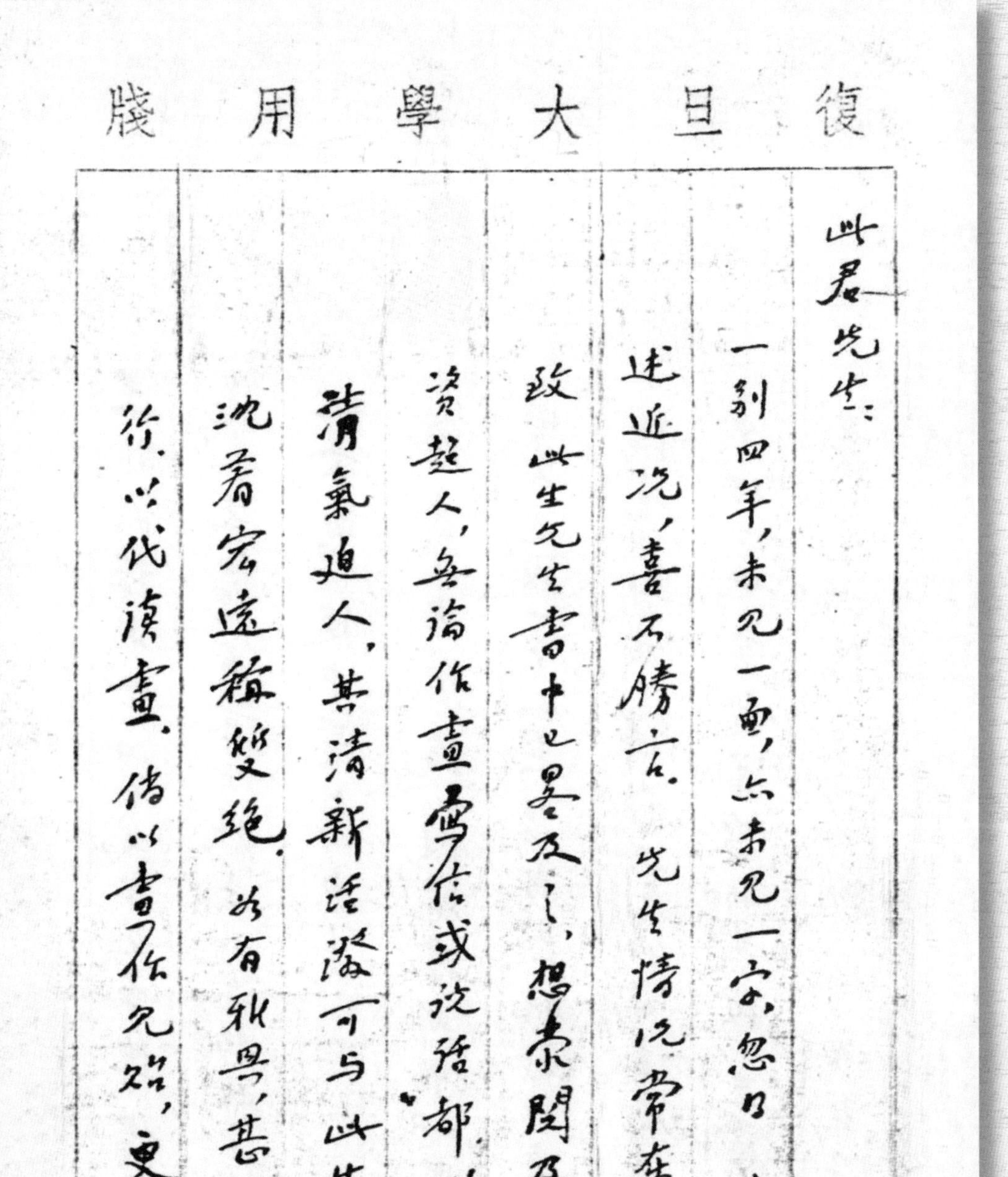

此君先生：

一别四年，未见一面，亦未见一字，忽得惠函，讶迟延沉，喜不胜言。先生情况常在念中，前致此生先生书中已屡及之，想亦阅及。先生天资超人，无论作画写信或说话都似有一股清气迫人，甚清新活泼，可与此生先生沉着宏远称双绝。尚有张君，甚能时惠数徐，以代读画，倘以书在允否，更觅无奇。

健非敢请也。此生先生是否华备日期居港？先生遇有意出外，书知必将赴港，或不来这方面？便中還乞惠示。

蔡先生者当庵、政道在浙十一中学任教。

去年足我一个人来川。我从抗战以来，在上海多隐名作散文，译作只有世界书局大时代丛书中的一册，实践美学的基础，足虚那古尔斯基著，以隐名斋朗译，尚有吳趣翻阅。

复旦大学用笺

弟在 重庆 寻觅一本奉请指正。除 美学外,现今多致力在中国文艺革新方面,约有论文数万字,今拟汇成一册,俟归复旦大学丛书之一,即成六册请正。文艺革新之时,令弟乃文学界之数名人(另 郭沫若等)形成,犹我们在桂林、广州、香港时常相见之时,今已数乃文学界之数名人(另 郭沫若等)之赞同,将来多纳在学术界有之贡献,实不秋不谢 先生与此七先生给与稚之鼓励也。

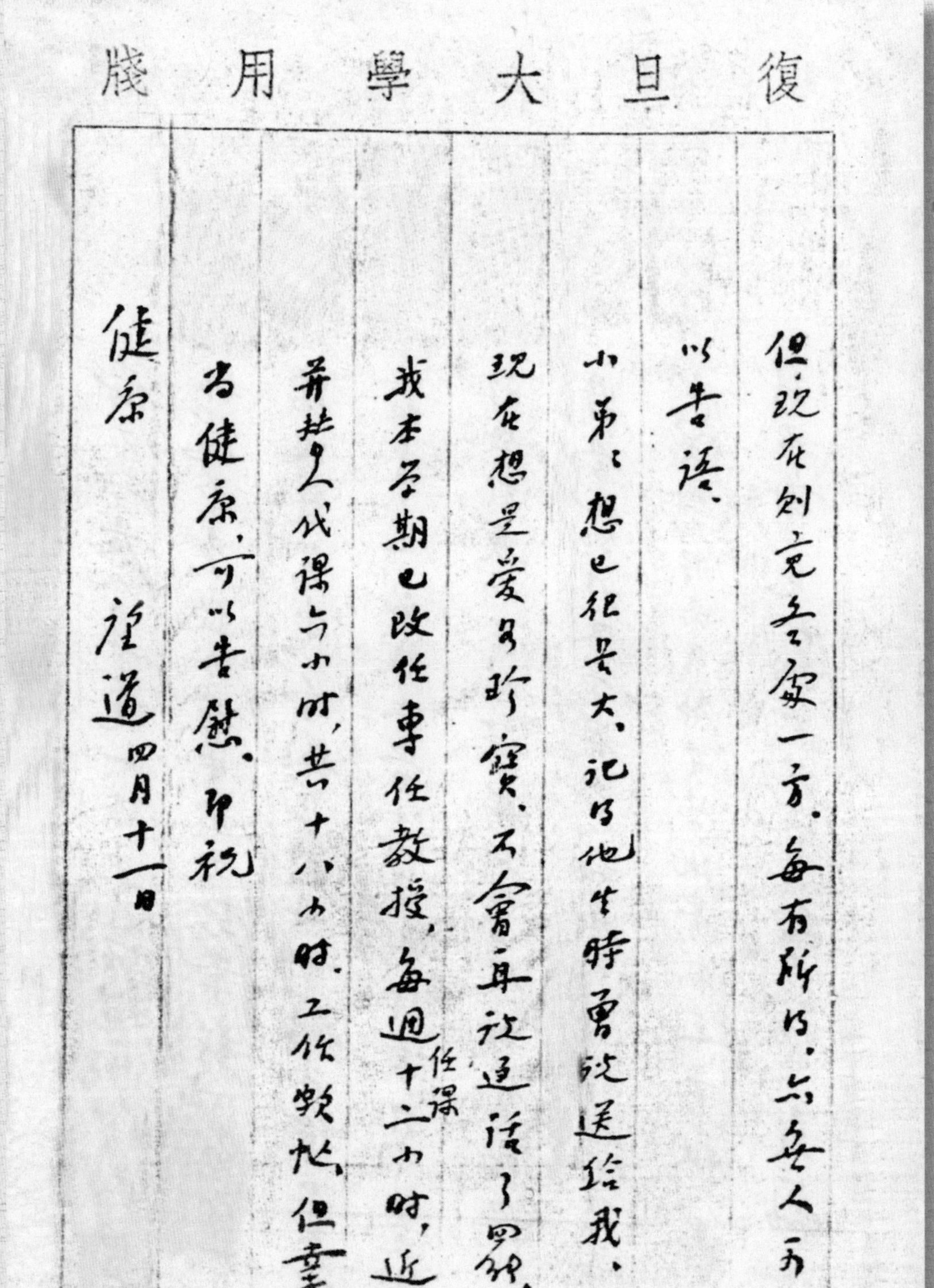

復旦大學用箋

但現在到處多是家一方，每每有所防，兵荒人亂以告語。

小弟、想也很怨大，記得他生時曾託送給我，現在想是更多珍寶，不會再託這話了罷。

我本學期已改任專任教授，每週十二小時任課，另請人代課二小時，共十八小時，工作較忙，但幸尚健康，可以告慰。即祝

健康

望道 四月十一日

此君先生：你信收到很高兴，谢谢你在百忙中给了我三个大希望：一送我你大作的画，二送给我小弟々，三你自己也来重庆看我们。如果前两项我均得到，的话，大约最快一個希望最难实现，我看祝祷你过著如幸气好大财，那时逛峨嵋，我欢迎此陪你去，做为你要我陪的话。其实，我要你和其平有意思，不发财不可以来重庆，重庆亦出版较用作教书六方便，物品贵是真的，但也还可好过去，我倒以为乱世最苦的是知友星散，至受知心人多聚在一起，现还觉些安慰的。方订座日我也常有梦想，希望能有一日可以会聚有志气的人在一起做事。这个希望自己更欲达到了！现在做事马然狂想千里外为有许我努力处还不增上勇气。不当，是容易懈下去的。美学基础我空设代買来話指正。鱼肝丸现在有什么吃，不过不敢多吃，实在太贵了，这里有橘子不贵。

1941年5月致盛此君（2）

广西地方在我印象中並不壞，而不壞是由於有好友的遊踪在，举凡桂林、古朿、阳朔、柳州、南寧，每一次想起，輒有好友行动交織其中，把它们美化成为犀賢罌色的背景，不知为何，我遇着时的一言一笑都欲記起。廣州的七日之遊更为伦平的紀念的貢，不知陳家現在位家，幸为宰遠，即祝

健康

　　　　　　道靜上 五月八日

1941年5月致盛此君（3）

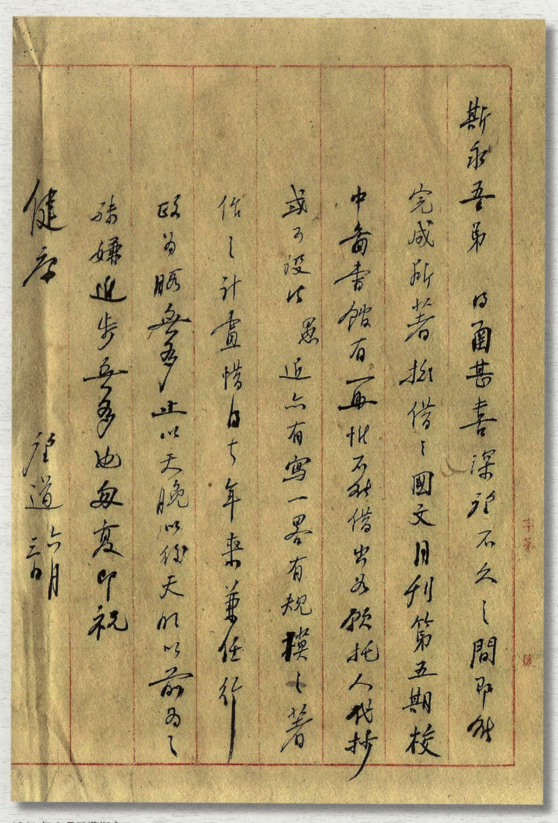

1941年6月致葛斯永

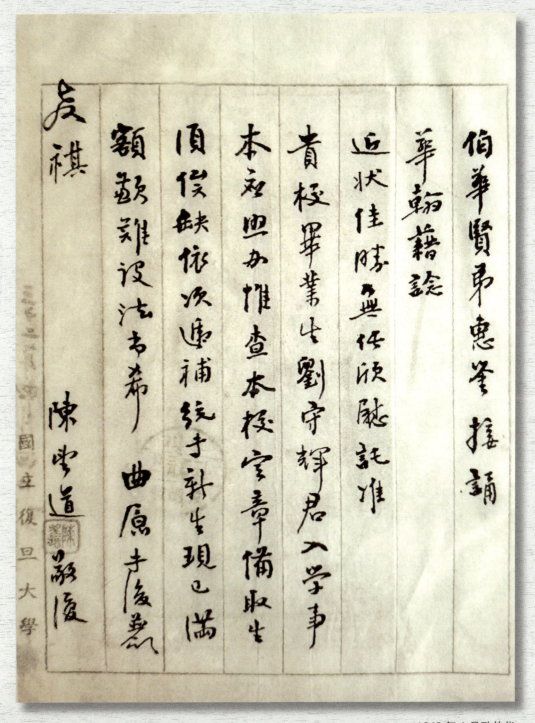

伯華賢昆惠鑒 捧誦
華翰藉諗
近狀佳勝 無任欣慰 託推
貴校畢業生劉守輝君入學事
本社迎加推查本校實章備取生
頂俟缺額遞補 統于新生現已滿
額 難設法 专希
曲原 寺復 耑此 顺頌
晨祺

陳雲道 敬復

1943 年 4 月致伯華

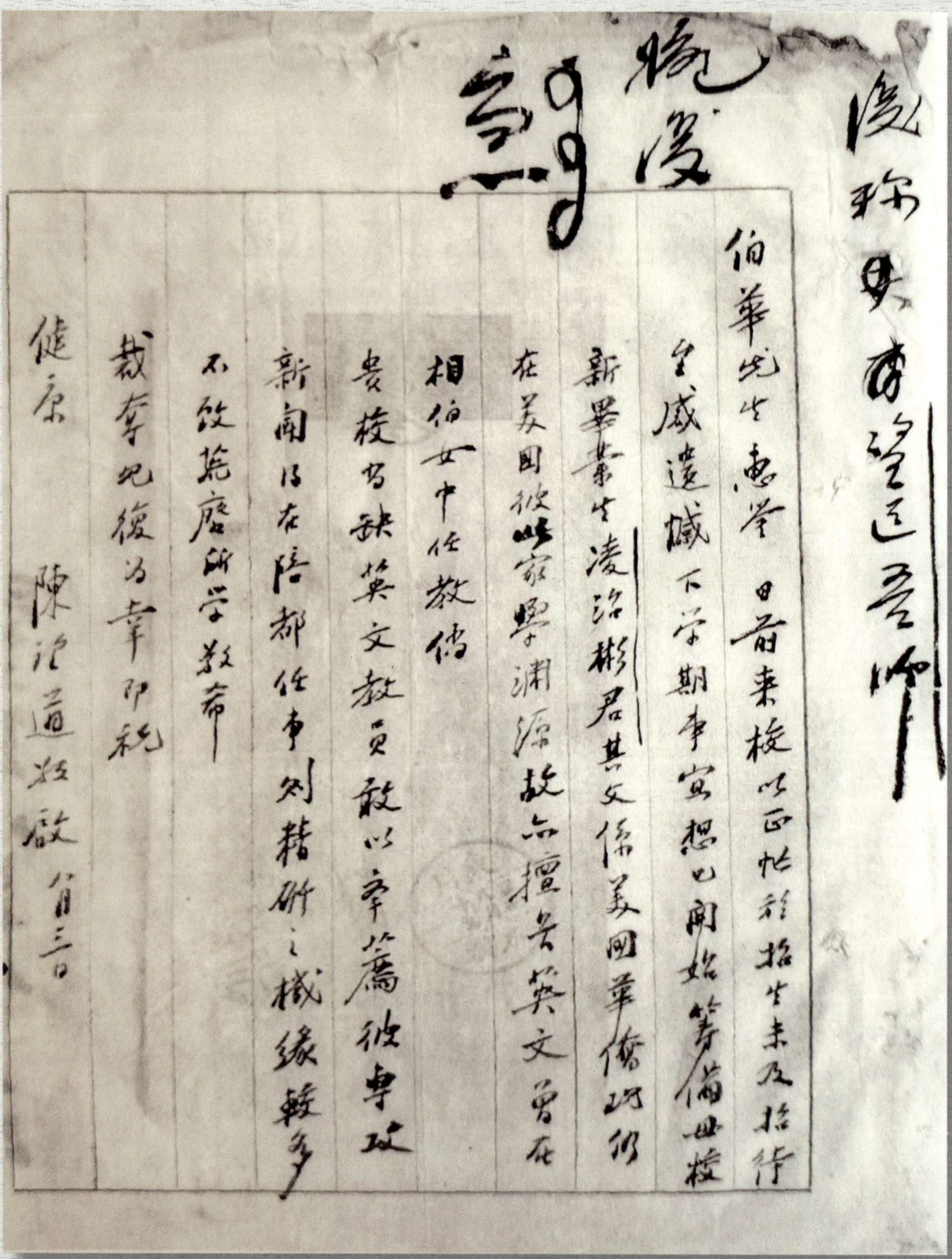

伯華先生惠鑒 日前來校以正帖形招生未及招待
至感遺憾 下學期李宜想四周姑等備世校
新畢業生凌治彬君其文係美國華僑研究
在美國彼此家鄉淵源故不擅言英文曾在
貴校習缺英文教員 敢以奉薦彼專攻
相伯女中任教俺
新聞現在陪都任事刻精研之機緣較多
不欲瑣廣所學敢希
裁奪 祈復為幸 即祝
健康
　　　　陳望道 拜啟 八月三日

1943年8月致伯华

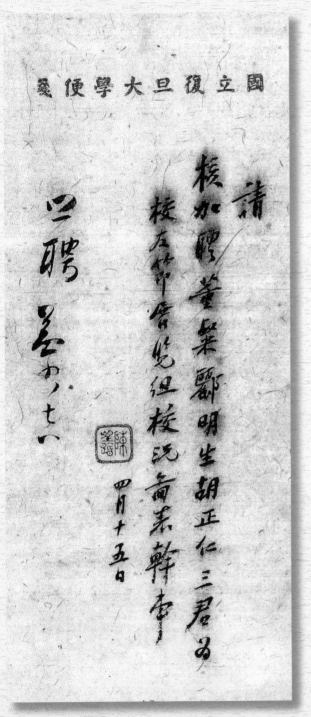

1944年4月15日致章益

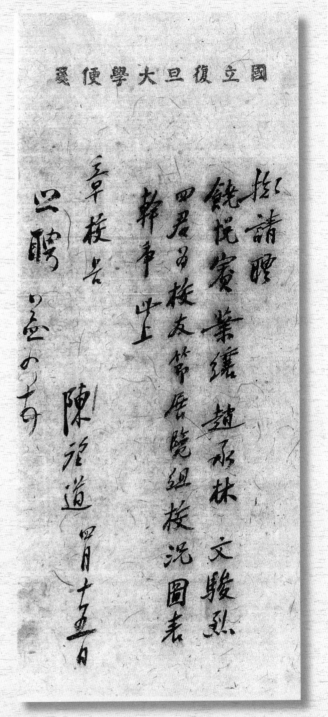

1944年4月15日致章益

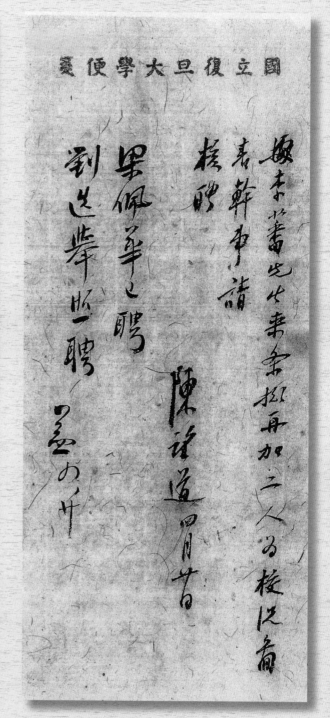

1944年4月20日致章益

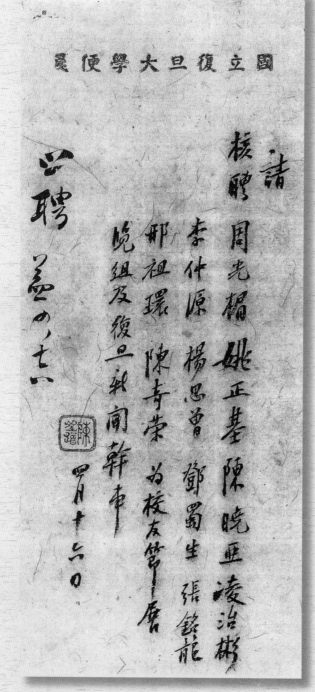

1944年4月16日致章益

国立复旦大学用笺

子敦先生 前闻
先生避东精神颇感惫,请
屈就教席培植青年,曾函史地系主任周
杏城君至章校长孟及共荐校长允至
为吴奋作甚时已面课拟请
惠允来学期来校授课並请
惠允担任课外学术演讲次数能便学
术演讲已幸於两次最近一次讲者为马
叔平先生讲古物前一次则为老舍先
生讲文学为

國立復旦大學用箋

先七惠並肯來學校自當妥慎招待
前訓遵于昌之妻並離此另有給仰子
轉致
因身體仍常感不適每日事完即已
疲勞致此早思奉聞之語玉今始錄
紙上萬罪萬罪
　敬祝
健康

　　　陳望道致上 卅四年四月二十日

子敬 卅四、四、廿三、

友三校长惠鉴：日昨之会至感圆满。手邸坻尚未回京，今日下午三时尚有他校同样性质之茶会，拟往参加。希先将蒙提拨其姊至咸新水改为百八十元，还乞即点为通知偷方校长室当事人。祝

健康

陈伯道 六月七日

一九四六年

國立復旦大學用箋

子敦先生惠鑒 二月廿五日
鄰示敬悉關於文法理論方面之
研究已擬告一段落近正欲申舊向
題～研究儘思陸續撰文發表就正
有道系統著述此思為之惟尚未敢放
膽決定承蒙鼓勵銘感萬分敢乞
惠復時日再行請示專頌印祝

健康
　　　陳望道敬上 二月先日

葉紹鈞先生早为南能紛複尚未內樣理由
未敢先定蔑乞宥宥　又及

1948年2月致子敦（金兆梓）

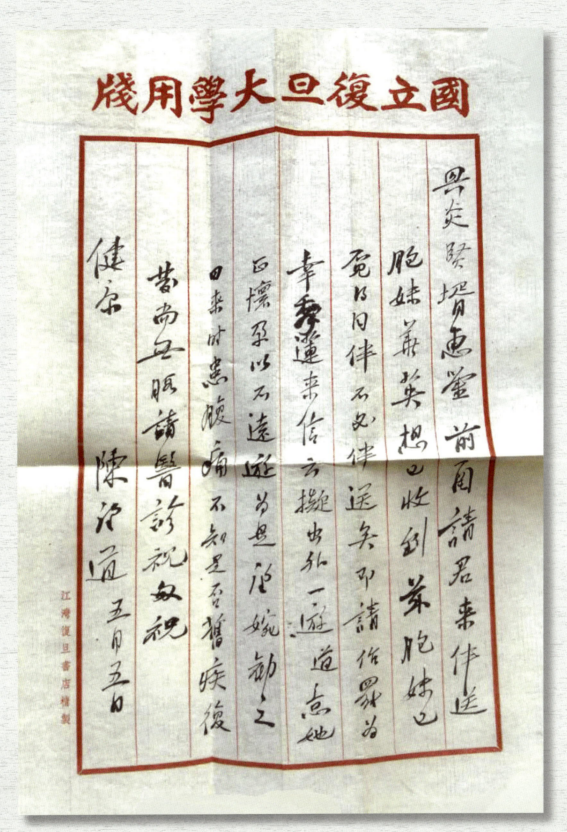

1948年5月致杨兴炎

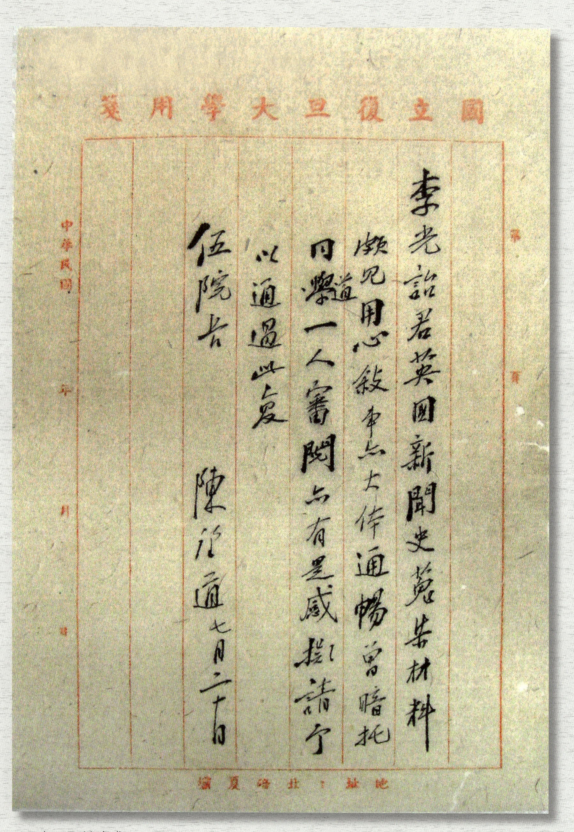

1948年7月致伍蠡甫

1948年7月致章益

叶永烈先生：

来信及大作"科学小品探源"都仔细读过，对於先生探本穷源的精神极为感佩。

中国刊物上登载"科学小品"确是从太白半月刊开始。太白半月刊自始就以刊行科学性进步性的小品文为自己的任务，以与当时的论语派，以所谓幽默小品为反动派服务的那气抗衡的。至於"科学小品"一词究竟是谁最先提出，我也已经记不清楚，可能是我提出的得到太白编委诸同志同意，并得到执笔撰稿的诸科学家同志的。当时为太白撰稿的科学家也许比我更记得清楚。大作拜运。并致

敬礼

陈望道 十二月九日

1962年12月致叶永烈

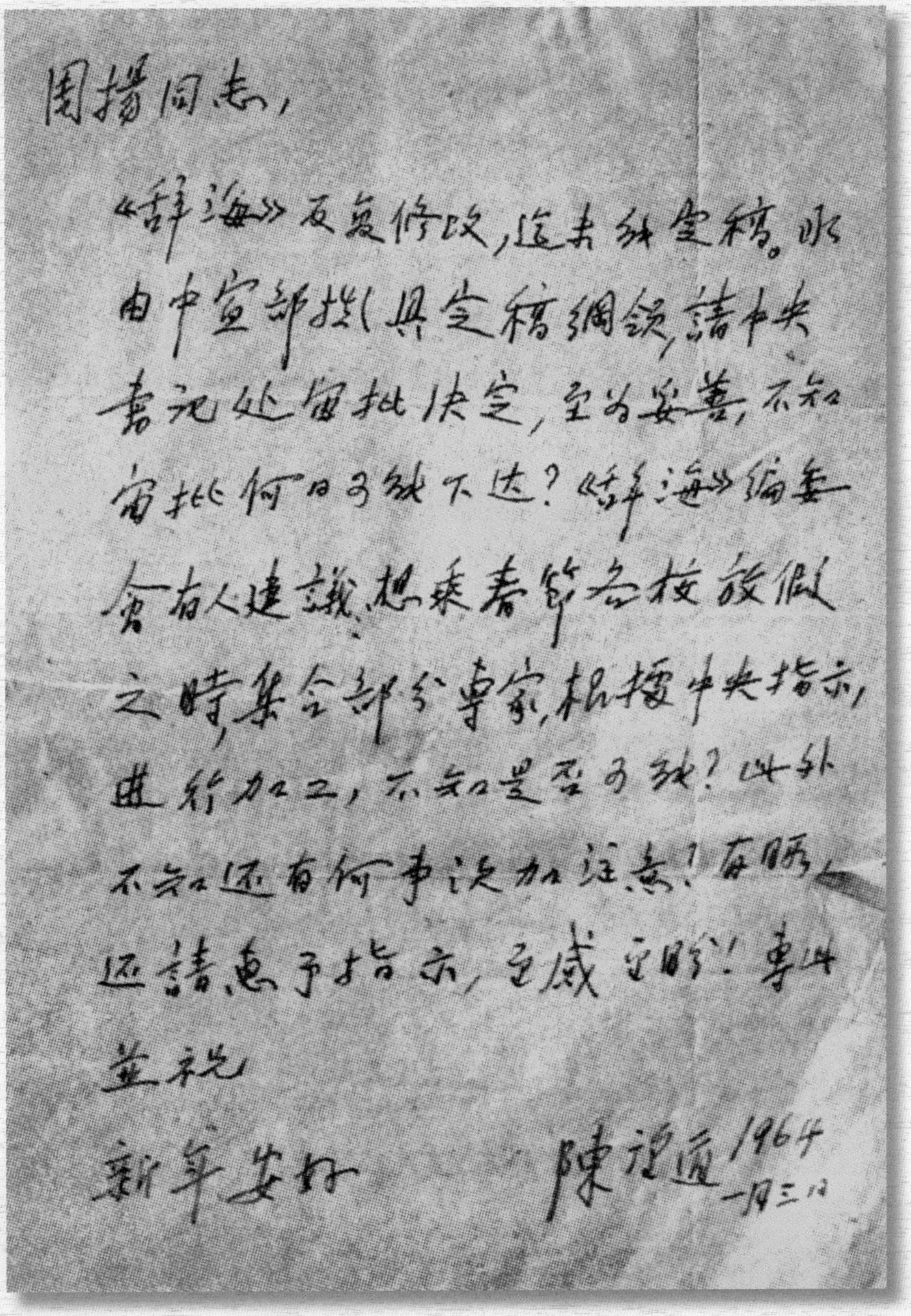

周扬同志：

《辞海》反复修改，送去既定稿。听由中宣部拟具定稿纲领，请中央书记处审批决定，至为妥善。不知审批何日可能下达？《辞海》编委会有人建议，想乘春节各校放假之时集合部分专家，根据中央指示，进行加工，不知是否可行？此外不知还有何事须加注意？在晤及还请惠予指示，至感至盼！专此并祝

新年安好

陈望道 1964
一月三日

1964年1月致周扬

振乾同志：

承索拙译《共产党宣言》，知由于同志们热爱马列主义、热爱共产党之忱，感到无限亲切。但因经过一个白色恐怖时期，到了全国解放时期，中央虽印派人到含回收集旧本，已只能收到七八本了。这七八本，想来就是各革命历史馆陈列的本子，你们要看，可以到那里去看。至于学习，我劝你们读新著，新著有恩格斯的许多篇序比旧本完备的多。祝 好！

陈望道 73年5月11日

你们要知道我的遭遇，遭遇就是反动派在那白色恐怖时期常把"共产党宣言"吓唬我的教输。无论说什么动不动说"共产党宣言译者陈⋯⋯"，要你怕，要你不敢动。不过我这人是不大知道怕的。我做过上海大学教务长，上海大学就是培养革命干部的大学，有许多人现在还健在。

1973年致郑振乾

晶尧、学庄两同志：

来信收到。现谈々我能回忆起来的一些情况。

南社是一个当时的文学团体。拟建议成立新南社是在党发起的初期，想把南社改造成新的。我只参加过一次集会，当时参加集会的还有我所认识的邵力子、于右任，以及南社之老柳亚子等人，共约二、三十人。当时那些人对文学似乎都很有研究，但对政治恰不十分明了，要成立新南社困难很多，因此我参加那次集会以后就没有再去参加，其它人如何进行我也不很清楚。

就此

祝

好！

陈望道　76年4月18日

1976年4月致王晶尧、王学庄

学术研究文稿

（一）授课用讲义文稿

第一部

修辞学科补充讲义

——"的""底""地"分用法
（1935 年 9 月桂林师专讲课用）

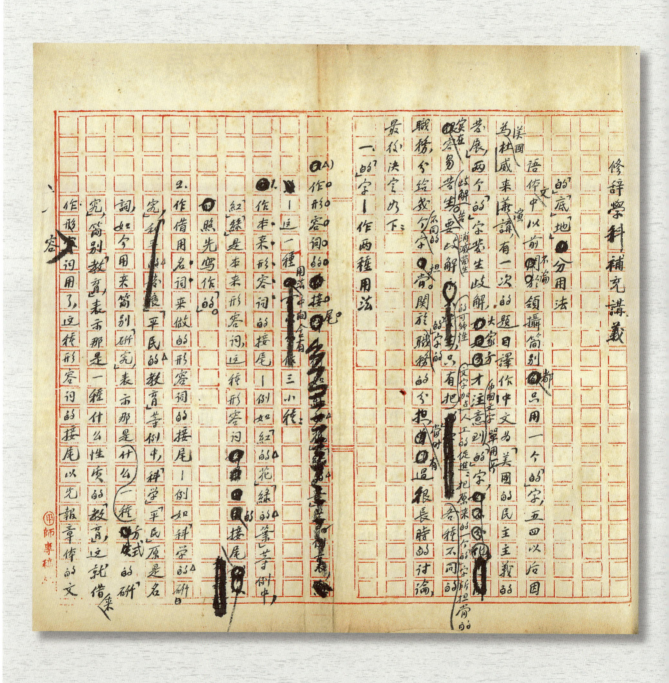

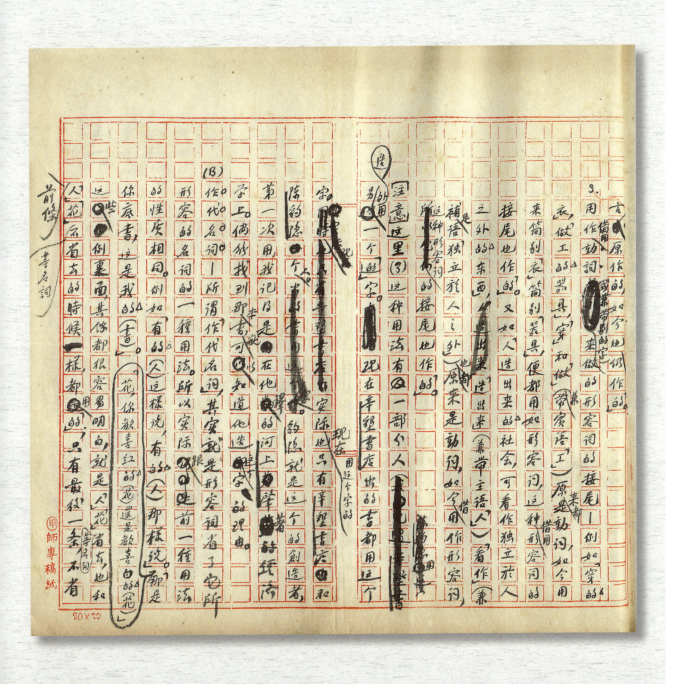

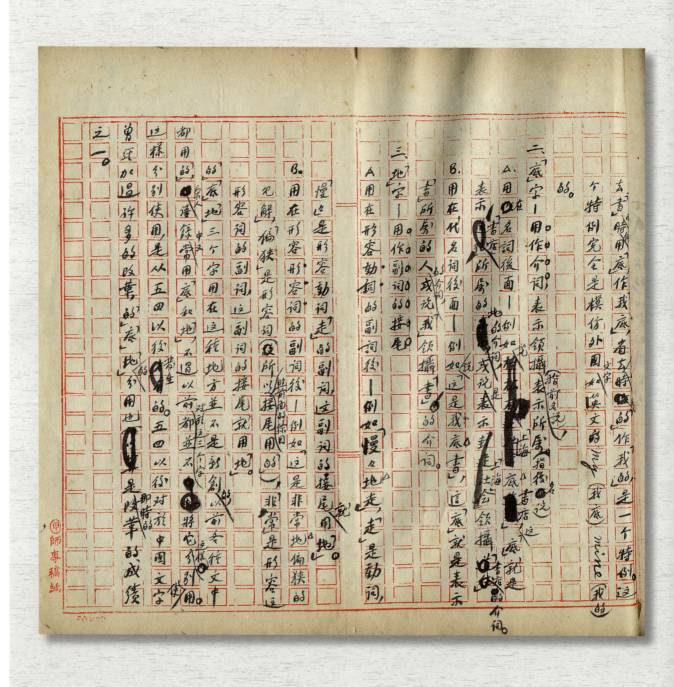

第二部

中国文法研究

（1935 年 9 月桂林师专讲课用）

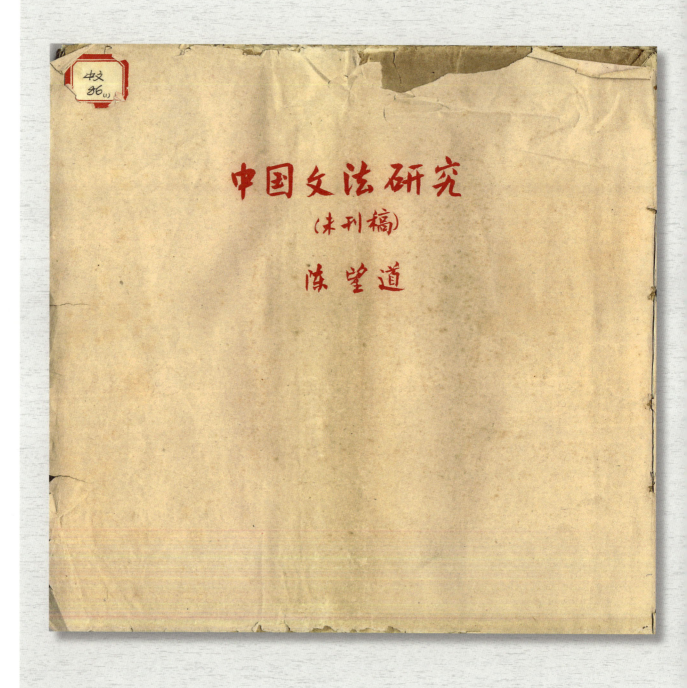

中国文艺研究　一九三五年九月谈起

这次谈话，决定要做三部分：第一部分是准备介绍国内现在关于文艺的各种条件和它们的详细内容，做我们研究的起脚点；第二部分对于所述的指出它的一些内容，预备加以相当的批判者使现在中国文艺界的同学们不但了解现今流行的文艺并且非真像一般自画者所想像，没有我们从新努力的余地；第三部分预备提出一些计划及研究问题，团结各位同学共同努力来做着的工夫，我们的希望是

并[2]能在中国成就这样一个批判包含解剖学理和流行的各种样的文艺批判能在中国文艺界建立起来这样计划讲演者将是姑且空了这不知我的能力够不够做到这

中国文艺的一般概念
一、一般概念的形成
文艺研究在中国也早就有萌芽，如春秋隐公元年的"邢迁於陈仪。公羊传道：迁者何？其意也。迁之者何？非其意也。"

（段造现在需要改造的部分）

空一行
空一行
空一行

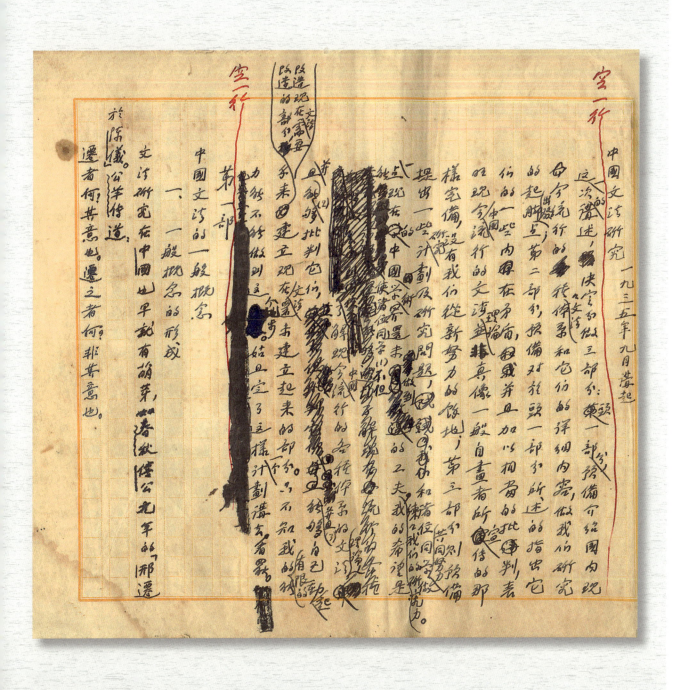

就可以算是研究文法上原動和被動分別的一個意思，这里说的還是哪自己願意说的是原動若说遷什麼比如夢見鄉（仿佛公十年）"宋人遷宿"之说遷哪那就不是自己願意的，就是被動儫這樣述述語文的倒子，我们在所謂中國古代文書裏可以找出究大概都是一字一句之零碎琐屑不成片段，不能算当於有所謂助字的研究，就此等進些研究學術的風度也一些。如柳宗元後杜溫夫書說：

（吾）立言狀物，未嘗求過人亦不轪明辩生之才敷，但見生用助字不當律令，唯以此奉答所謂"乎""欤""耶""哉"夫者疑辞也矣"矣""耳""焉"者，决辞也。今生列一之宜考前開人所使用與吾言類且異慎思之、例一蓋也。（见柳宗元集卷三十四）

"為也"者，彷彿助字的做"指代"兩数的影子。到宋又曾一時流行所謂"重字""實字"的研究，如張炎词源的虚字篇，範晞文的對床夜語。张炎词源的做基礎的討論。

把助字叫做"影""快"兩数就已經有馮氏文通把助字叫做"信"在各後流詞論如"影"可以看到把"信"兩数的形子。

裏面都盛置實字，讀且不通，说付之一响，若合用虚字咴嘆，草字如
詞与詩不同，詞之遷句有二字三字四字至七字者

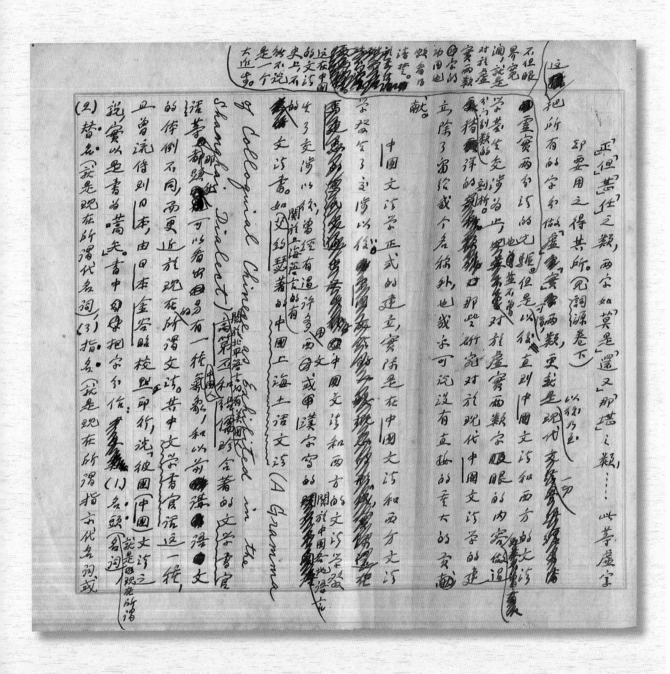

指示形容词(4)形容言(就是现在所谓形容词)(5)数目言(就是现在所谓数词及数量词)(6)分品言(就是量词)(7)加多言(就是现在把言分作动字静字的副词)(8)靠托言(就是现在有人称当介词的一类词,这书邻把靠托言分作动字静字的)(9)帮助言(就是现在所谓时间情态的助动词)(10)随从言(如"给""叫"等,就是现在所谓使然动词两类面的人所谓动作动词,所谓静字分作动作动词可状态动词)(11)折服言(如"不""没"等,相当现在的所谓状然动词)(12)接连言(如"与""和""而且""但是"等,就是现在所谓连词)(13)示爱言如……把包你"等)(14)问语言(回如"怎""什么"等,就是现在所谓疑问副词)(15)语助言(如"啊""罢""哎""哟"等,一部分就是现在所谓助词,一部分就是现在所谓叹词等)

视上下等运载通盖不为立一数,图……多等名词

以上所列的分数盖不十分相符,但是,回这十五数,致亦可以得知别的流行的文话上的分数甚不十分相符,……实际对于中国社会尝亦未发生过甚大影响。

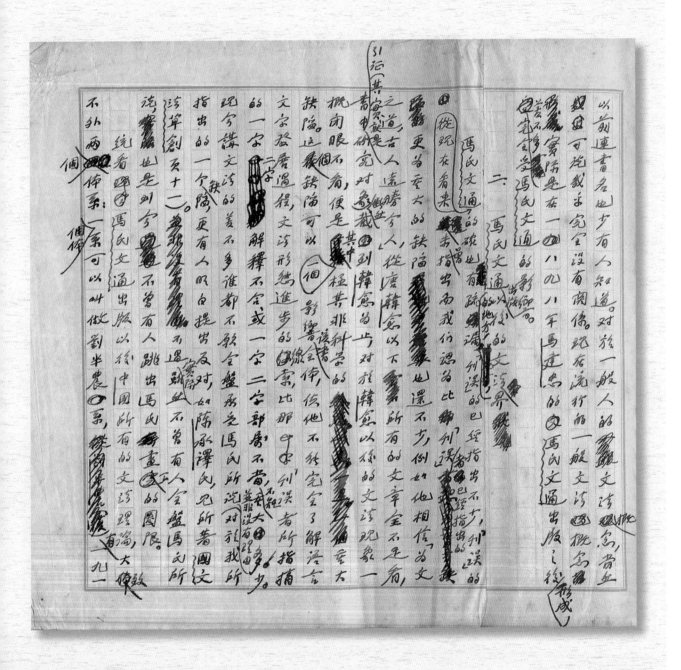

九年刘半农（复）著的中国文法通论（上海群益书社出版）和一九二二年金子敦（兆梓）著的国文法之研究（上海中华书局出版）两部书。这两部书都以反对马氏的模仿西方文法学而想根据中国语言文字的历史和习惯，提出一个新计划（见两人自序）所谓新划计书大作不过想从内容或意味来区分词数，从上述起来大致可以分成左容一嘉的模样：

一、观念词
(1) 物体词（例如：人，禽，花，木）
(2) 性状词（例如：高低，黑，白）
(3) 现象词（例如：坐立，甫，落）
(4) 指明词（例如：这，那，你，我，他，今）
(5) 限定词（例如：多少稍很天百十）

二、形式词

不空

（例如：者，也，於，乎）

刘金两位的文法理论便是从这里出发的。物体词是表示一切物体的声音，情状词，就是表示一切物体所附着的性状的。现象词是表示物体一时跟出没非久附着的声音，如山的'莺'，马的'黑'等。

限定词是用来限定包份的分量和程度的，和物体词情状词现象词的空间和时间的关涉。除此以外，还有用来指明物体，性（状），如人的'笑'，花的'开'等，和现象的空间和时间的，如这、那等，还有限定词是用来限定物体性（状），现象词三种合起来共是五种，成为一层表现人类观念的语言。和这一层并列的另外有一层，便是成立接表现观念和观念的关系的，就是所谓文法形式的一层。这就叫做形式词。从内容或观念上区别词数，黎氏主要的意思就是这样组简单的或句的和篇的观念。刘氏就是把这或句的和所谓文法的现象两大部分，在试将刘氏、黎氏和上面所说的列成一个对照表如下。

刘氏的（见所著书三十六页至五十七页之间）

黎氏的（见所著书五十四页，又八十一至八十七页）

本书的（见所著书四十六页五十，又二十七至三十八页）

实体词	体词	物体词
		性状词
品然词	永久品然词	现象词
	变动品然词	相
	相涉题动相	限定词
指明词	指点词	指明词
	量词	
	标词	
（以上属理论的状况）（以上属名学的现象）		
形式字	虚字	形式词
（以上属文法的状况）		
		（以上属文法的现象）

我们看了这个表，便就可以知道刘氏所谓理论的状况、黎氏所谓

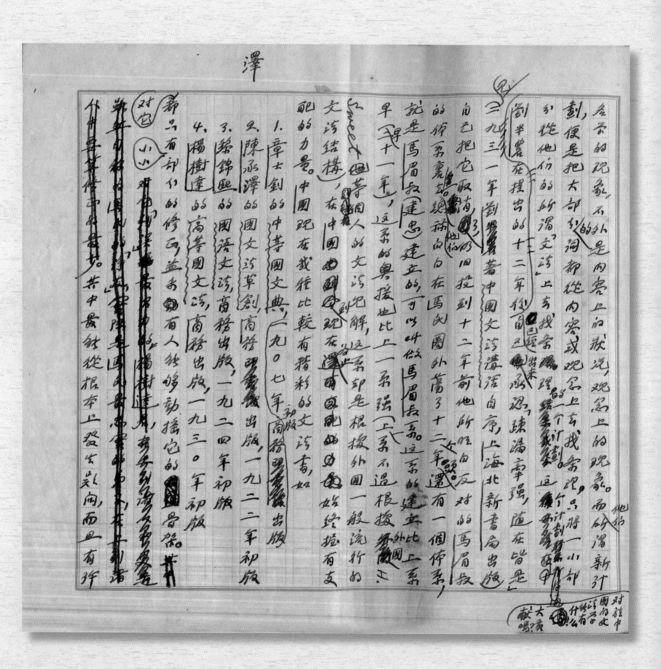

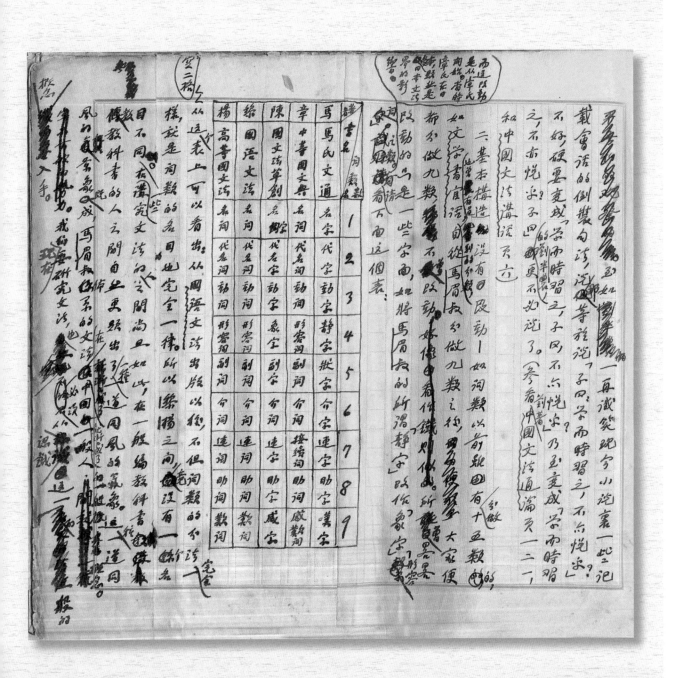

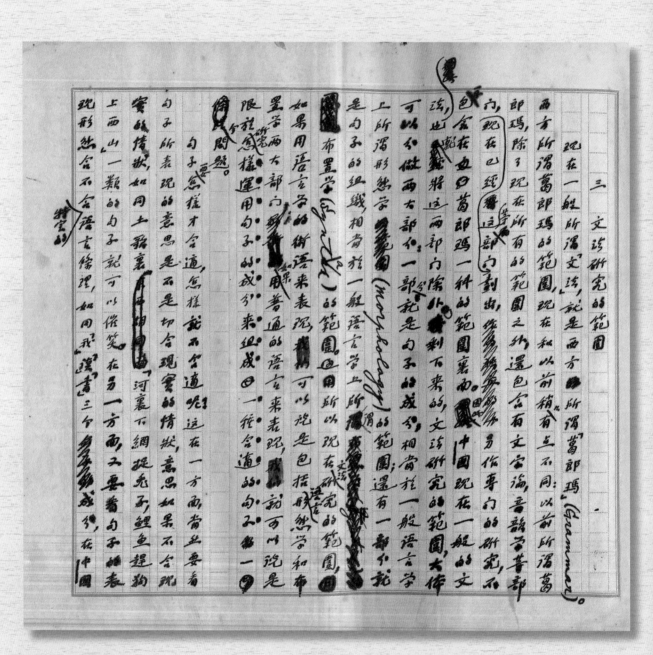

三 文法研究的範圍

文法研究的範圍就是西方所謂葛郎瑪：(Grammar)。

在一般所謂文法，就是西方所謂葛郎瑪的範圍就在和以前稍有些不同，以前所謂葛郎瑪，除了現在所有的範圍之外還包含有文字論，音韻等等部份，現在所有的範圍就在和以前稍有不同，可以分做兩大部份，一部份就是句子的成分相當於一般語言學上所謂形態學（morphology）的範圍還有一部分就是句子的組織相當於一般語言學上所謂布置學（Syntax）的範圍也用所以說在文法研究的範圍可以說是包括形態學和布置學兩大部份或普通的語言來表現，或用另外的語言來表現，總而說是一種合適的句子，能一例如果用語言各的術語來表現，句子怎樣才合適，這在一方面要看句子所表現的意思是不是切合現實的情狀，如果不合就實的情狀，如同上語裏「河裏下網提兔，鯉魚趕狗」一類的句子，就可以作笑在另一方面就形然合不合語言條理，如同我讀書三個多多多成功在中國就形然合不合語言條理，如同我讀書三個多多成功，在中國說形然合不合語言條理，如同我讀書三個多多多成形然合不合語言條理，如同「我讀書三個」 「上西山一類的句子就不合語言條理，如同我讀書三個多多多成形然合不合語言條理，如同「我

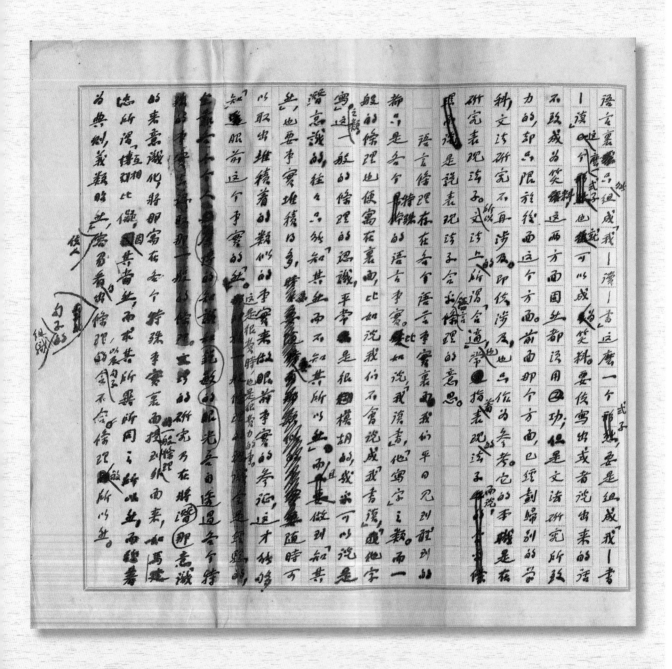

四、句和词

要知句子组织的含适，必须把句子分成不同小的单位，再看它们在句子中的性质，我们可以从两方面来叫做"词"。

第一，词是意义的单位，不是形体的单位。形体的单位仍旧叫做"字"。如同

景阳冈武松打虎

这一句话论形体有"景阳冈武松打虎"一个，一共有七个字的形体，所以我们说是一共有七个字，而论意义却只有"景阳冈"一个，"武松"一个，"打"一个，"虎"一个，不过四个意义的单位，所以我们说意义是有四个词。有一个字组成的，如"打"如"虎"，他还有两个三个字组成的，如"武松"如"景阳冈"。此外"词"还有四个五个六个字组成的，如同"万里长城"之类，这形体的割分，萦是语汇论范围里的东西，详细研究它是这个宝库论上尚不去计较，在文法研究上要它在意义上成一个单位，还是一个字还有第二，词的标题是要看词在句中的作用而定。同样的一成。都把它作为一个草词看，这是一个字组成它同样的一个词不见得就在句中有同样的作用，没有同样的作用就不能

而把它们看作同类的词,如同"青用车囤车3玄。

一个句子里面,两个"车"字是同字同类同样的词,但这两个"车"字并不含有同样的作用,第一个"车"字是指说一种动作,因与同样的作用,第二个"车"字是指说一种东西;同我们仍旧把那指说两样把那指说物的"车"字归入指说物的"车"字归入指说动作的如同"石头瓶子"把那指说动作的如同"走跑"一类里去。

五、词类的普通名称和界说

词类的普通名称叫做"词数"。词数的划分,前面已讲过,是随词在句中的作用而定,现在一般文话都是随那词在句中的作用把词数分做九类。九类的普通名称和界说如下:

一、名词——用在句中当事物的名目例如〔直接代表事物的概念〕

二、代名词——用在句中代替事物的名目,例如:人、报、报办人、工作、生劳苦、劳苦生围倦——二草源例中举出的都是名词。

二、代名词——用在句中代替事物的名目。例如他们不怕天,不怕地,不怕官司,论秤分金银,异样穿绸锦成套,大块吃肉,如何不快活我们第兄三个宾有一身本事,喫酒,

地等'的他们'—水浒十四回

点出的都是代名词,"他的"代以替"水浒"如"汉们的"的"名目,我们"代替"阮小五"和他的弟兄阮小二,阮小七的名目。

三、形容词—用在句中表示事物的动作或状态。例如:

在绥羊兔儿,成吉思征金国,先取了抚州,经过野狐岭,又取了宣德府。—元朝秘史

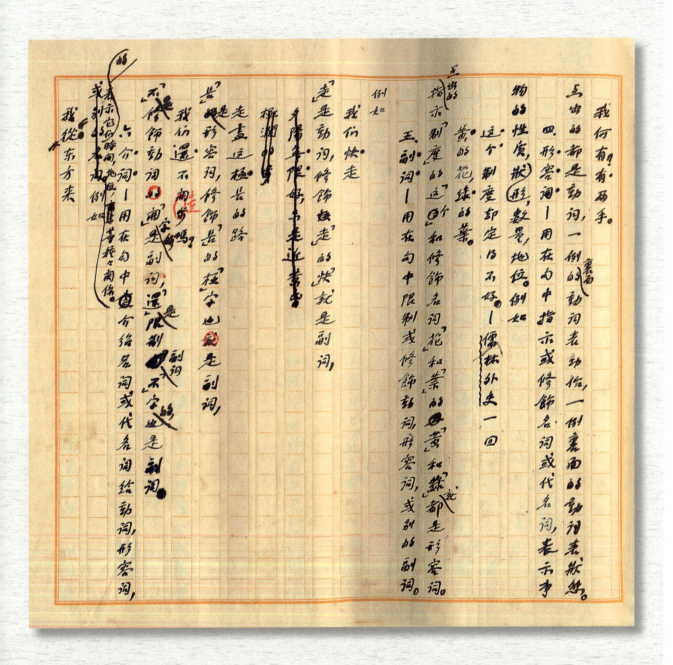

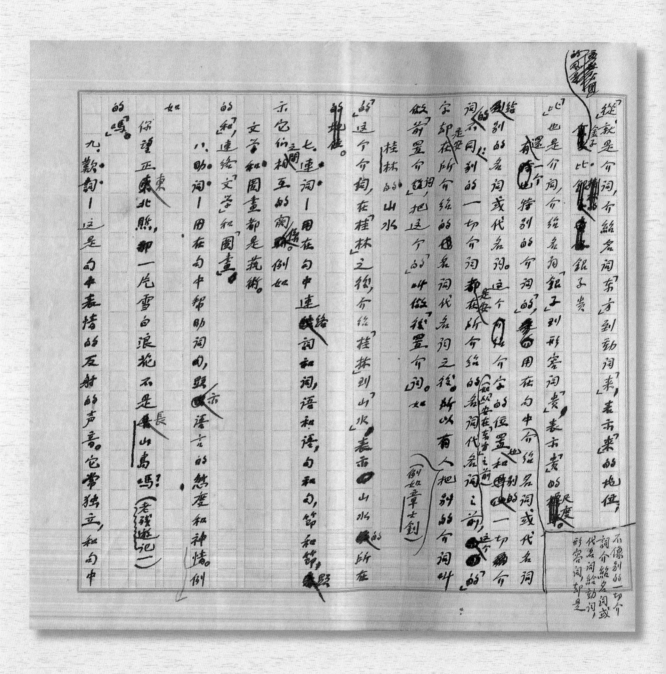

"从"就是介词,介绍名词东方到动词来,表示来的地位,"的"

金子比银子贵

也是介词,介绍名词"银子"到形容词"贵",表示贵的程度。"的"

词所介绍的名词或代名词都在所介绍的名词代名词之前,这个介字的位置叫做前置介词;还有一种特别的介词,它用在句中介绍的名词代名词之后,所以有人把别的介词叫做前置介词,把这个叫做后置介词。

桂林的山水

的"这个介词,在桂林之后,介绍"桂林"到"山水"表示"山水"的所在地位。

七、连词——用在句中连结词和词,语和语,句和句,节和节,示它们相互的关联。例如

桂林到山水 示

和连结"文字"和"图画"

文字和图画都是艺术。

八、助词——用在句中帮助词句,跟语言的态度和神情。例如

你望东北照,那一片雪白浪花不是长山岛吗?(老残游记二)

的吗

九、叹词——这是句中表情的反射的声音,它常独立,和句中

(例如章士钊)

不像别的一切介词介绍名词或代名词给动词,形容词都是

尺度

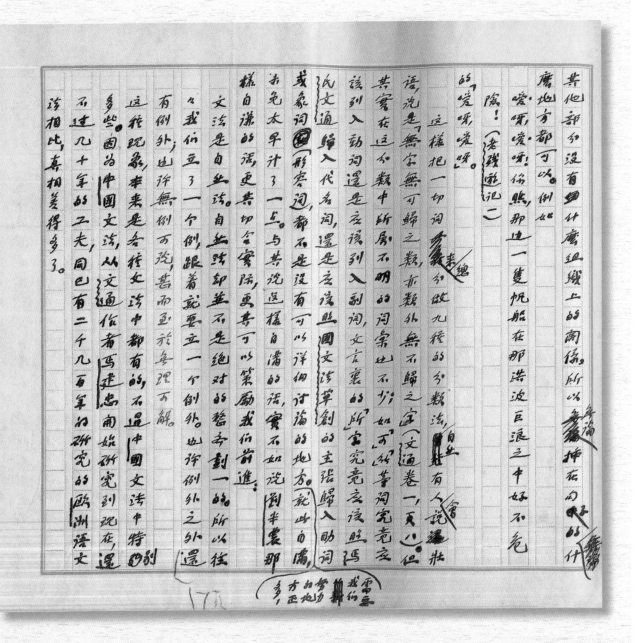

其他部分没有甚什麼組織上的關係,所以無論擺在句子的什麼地方都可以。例如

嗳呀,嗳呀,你瞧那裡一隻帆船在那洪波巨浪之中好不危險!(老殘遊記二)

的"嗳呀,嗳呀"。

這樣把一切詞彙總分做九種的分類法,自然會有人說籠統,其實在這分類中所屈不明的詞彙也不少,如"把"等詞究竟應該列入動詞還是應該列入剝詞,文言裏的"所"字究竟應該歸入代名詞,還是應該歸入國[形容詞],都不是沒有可以詳細討論的地方,就如劉半農那樣自溥的話,實不如說"例外無不是絕對的,所以我們儘可以策勵我們前進。"

我們立了一個例,跟着就要立一個例外,也許例外之外有例外;也許例外方效,善而至於無理可解。

這種現象,本來是各種文法中都有的,不過中國文法,從文通作者馬建忠開始研究到現在,還多些因為中國文法,從文通作者馬建忠開始研究到現在,還不過几十年的工夫,同已有二千几百年的研究的歐洲語文,

許相比,未相差得多了。

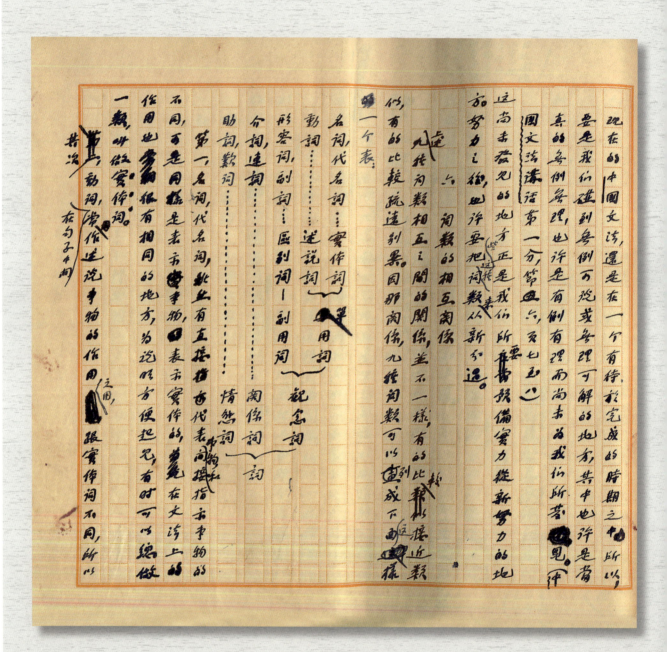

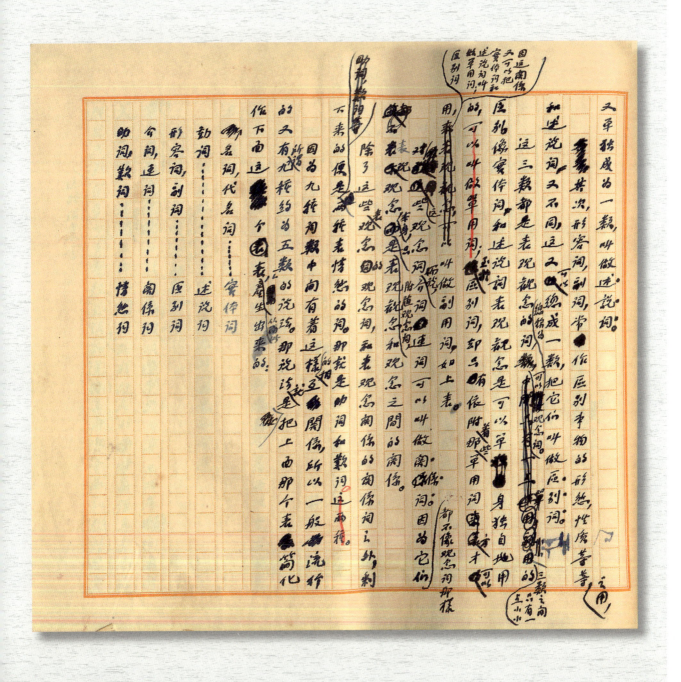

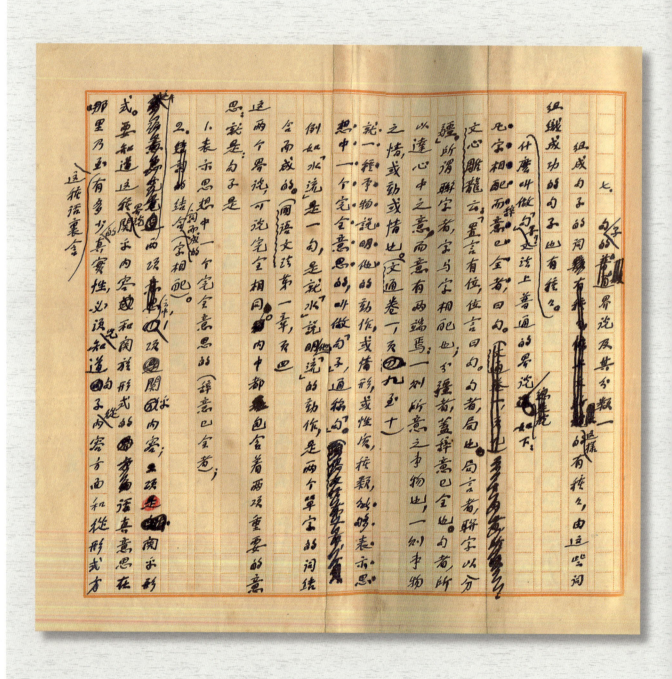

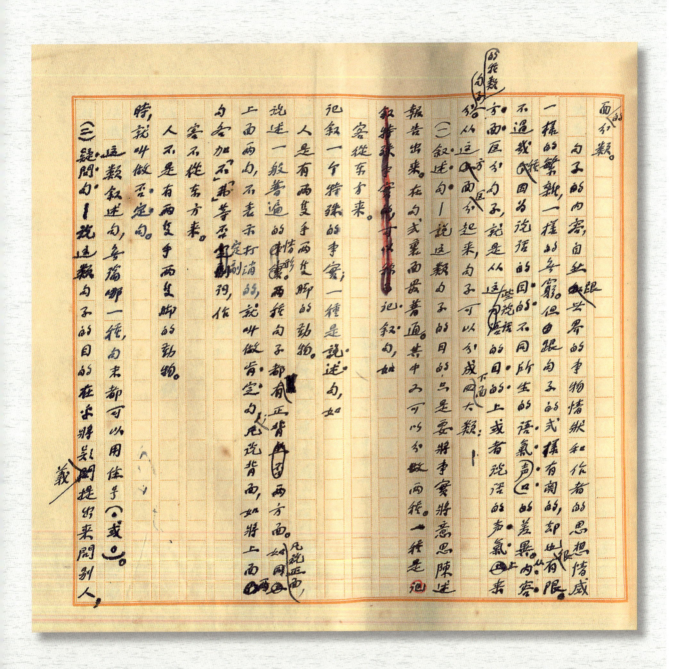

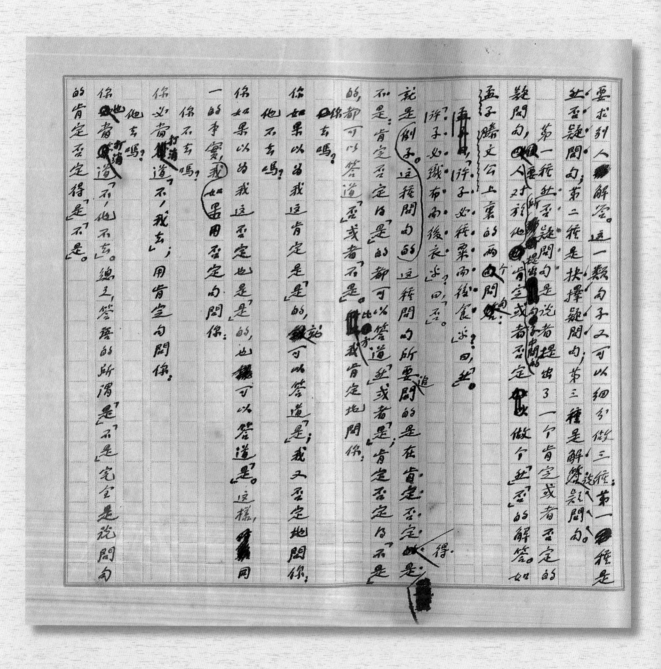

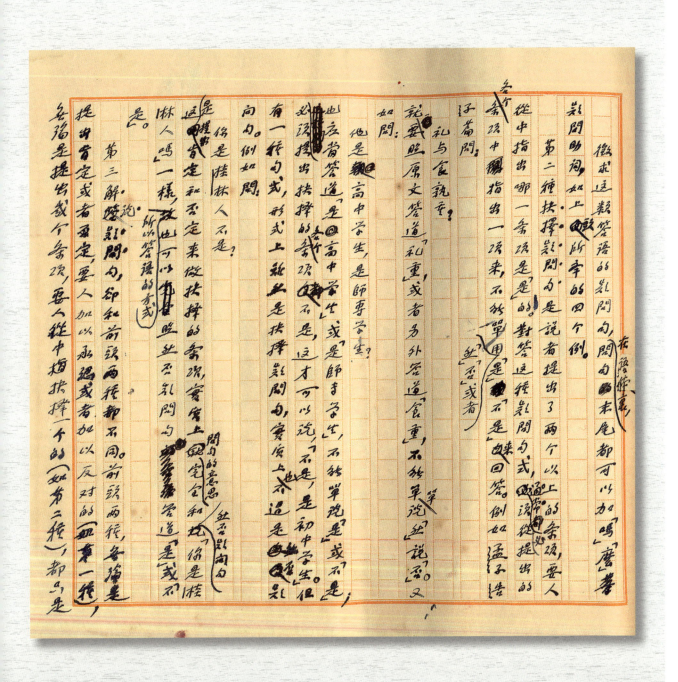

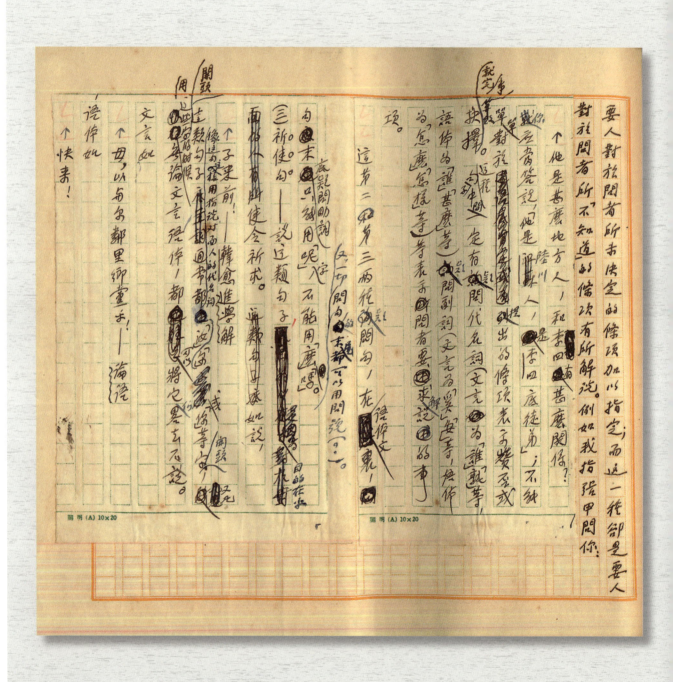

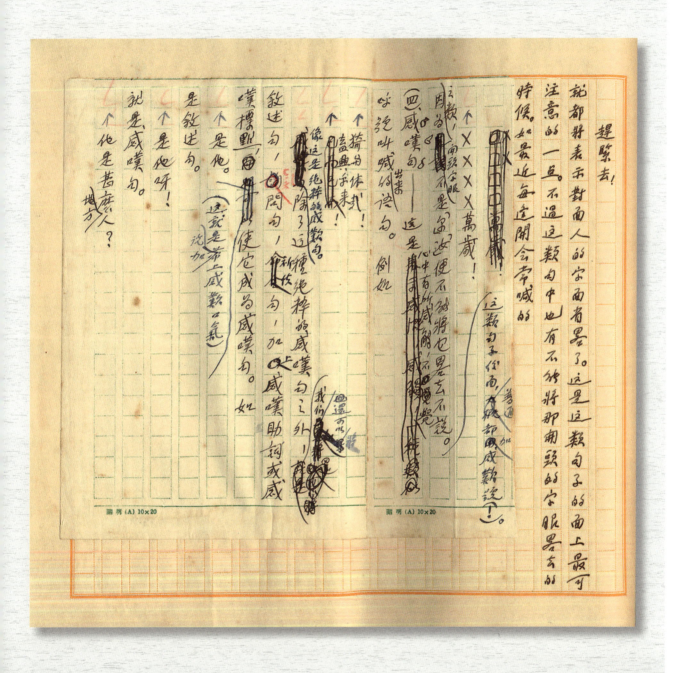

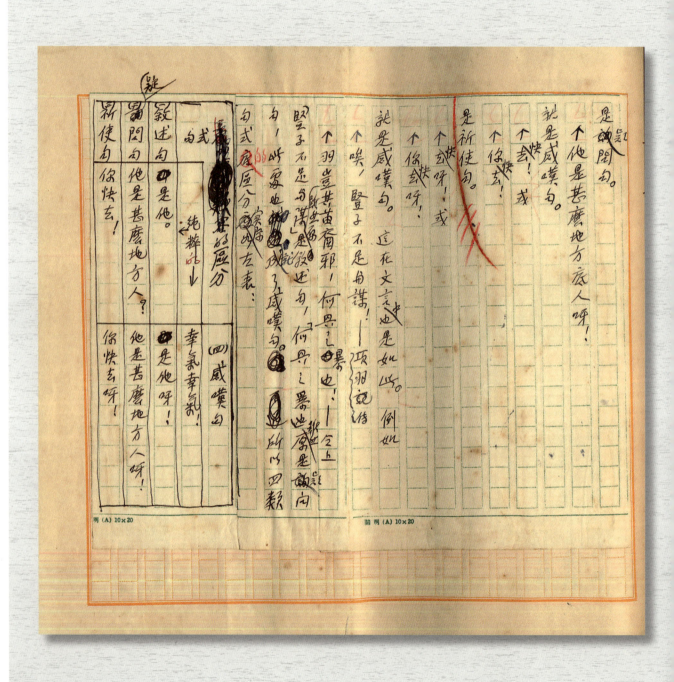

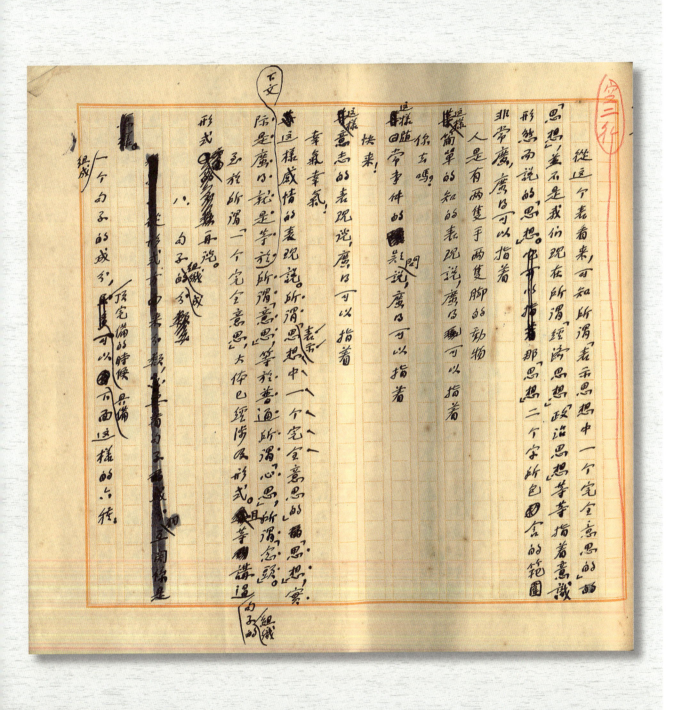

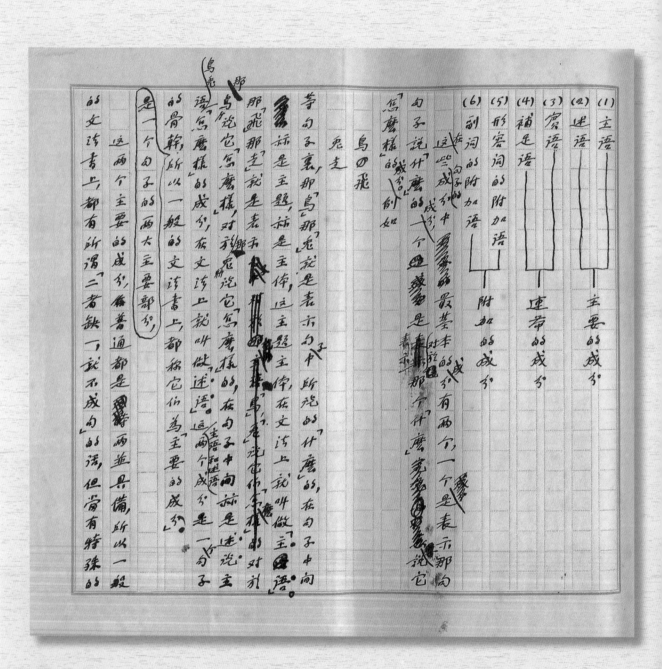

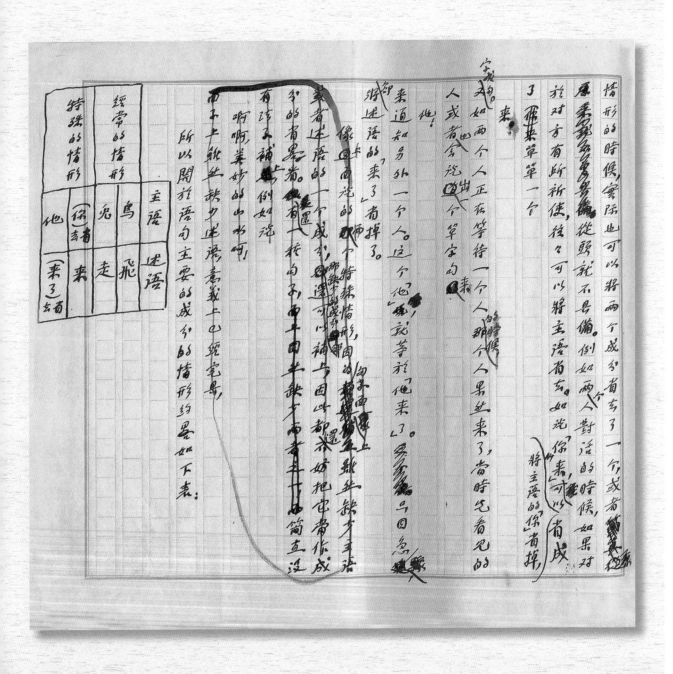

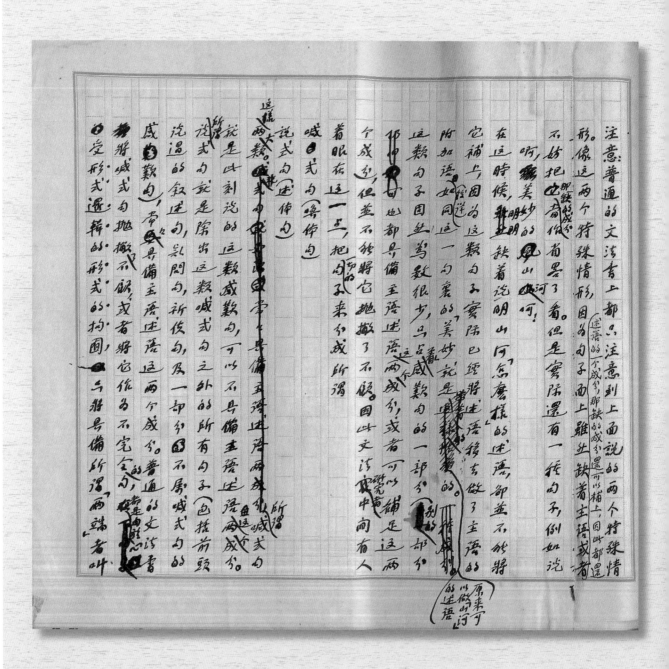

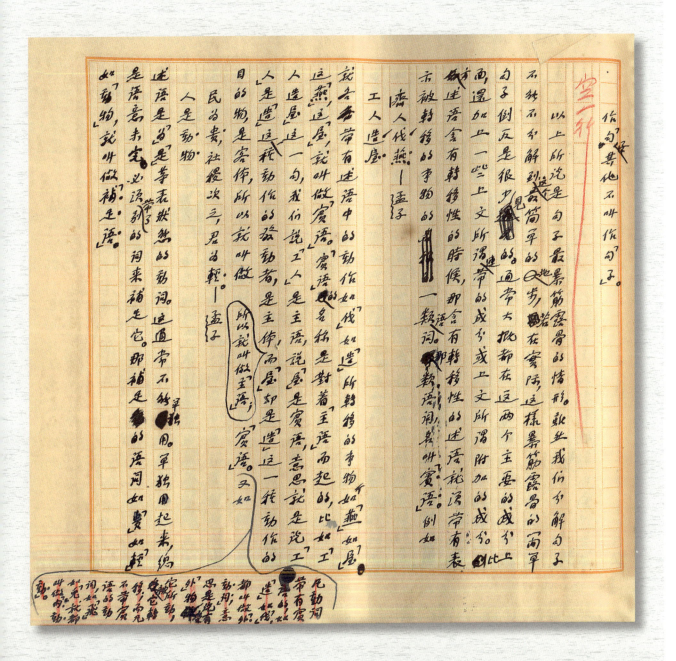

这宾语和补足语都是述语的补充成分，用来补充述语的未完或说不够的地方，如说"工人造（ ）"是（ ）人总要想到造什么呢？要有尾巴宾语来补充，意义才够。"西方的文（ ）说"有的动物还有（ ）补充，意义才够。因为这"造"和"（ ）"书就将两者合称叫做宾语和补足语都是述语克的语词分做宾语和补足语这样两种，（ ）动词有没有转移性的如"是"，（ ）进如是"的补充成分，所以有的（ ）补语，不再分别。但在中国，大概都还（ ）补足（ ）语词如"屋就叫做宾语，动词没有转移性的如"进"，补它的语词如（ ）就叫做补足语，而且因为这宾语和补充语词好像是述语所牵带的把它们叫做"连带的成分"。

除了连带的成分，一句子有没有连带的成分是随着述语的性质而定的，也有要有连带的成分巳经叫句无带不必再要连带的成分就意义方才明白完够的前者如"飞"，就没有连带的成分，后者如刚才说过的那些，就都要有连带的成分，却 还看说者要不要在上面说的那些成分加以描状而定。如要加以描状，就都可以

一主语、述语、宾语、补足语加上附加语，如说
小鸟飞

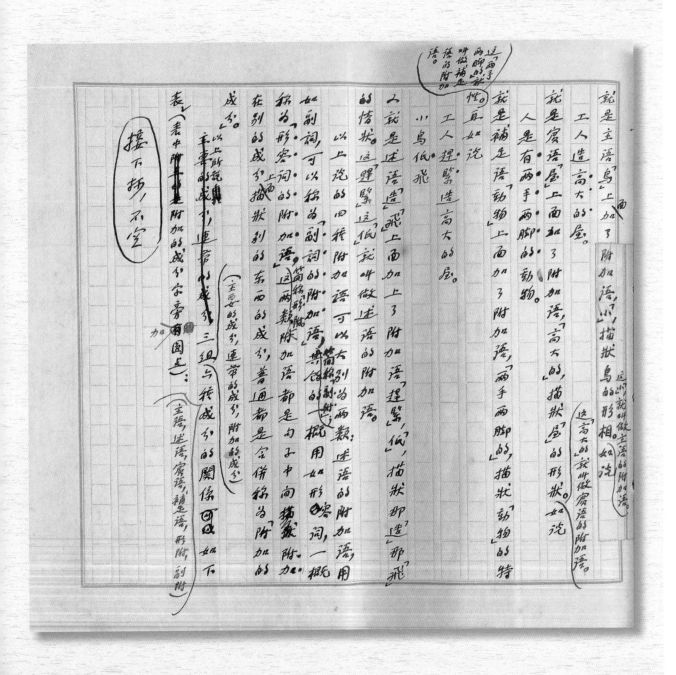

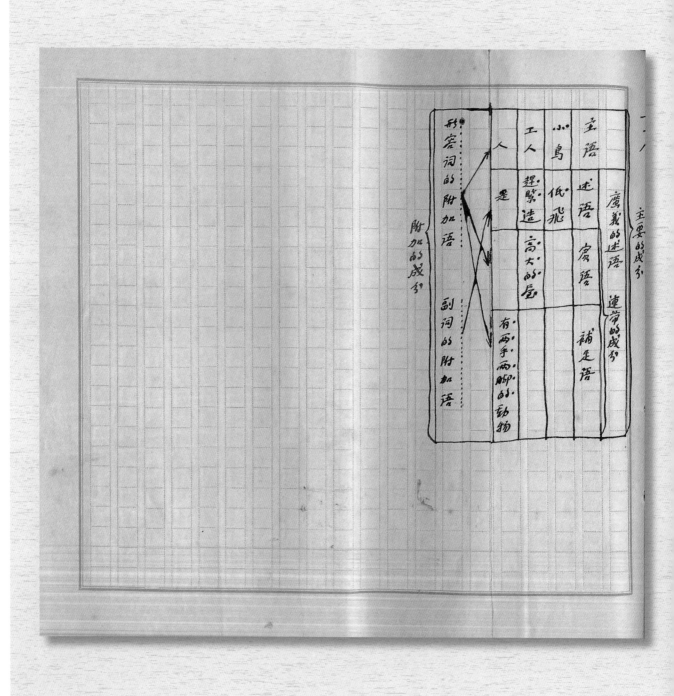

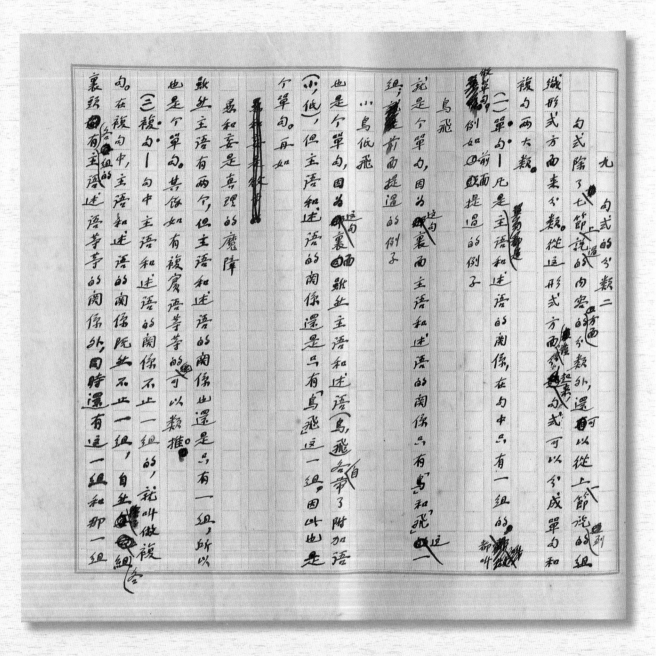

九 句式的分数

二 句式除了七节说的内容的分数外，还可以从上节说的组织形式方面来分数，从这形式方面看起来，句式可以分成单句和复句的两大数。

(一) 单句——凡是主语和述语的关系，在句中只有一组的，都叫做单句，例如前面提过的例子

鸟飞

就是个单句，因为这句里面主语和述语的关系只有"鸟"和"飞"这一组

小鸟低飞

也是个单句，因为这里面虽然主语和述语（鸟飞）多了附加语（小，低），但主语和述语的关系还是只有鸟飞这一组，因以他也是个单句。再如

最和妄是真理的魔障

那种甲般钗

也是个单句，有两个，但主语和述语的关系还是只有一组，所以他是个单句。其馀如有复宾语等的可以数推。

(三) 复句——一句中主语和述语的关系不止一组的，就叫做复句。在复句中，主语和述语的关系既然不止一组，自然也起码有主语述语等的关系外，同时还有这一组和那一组

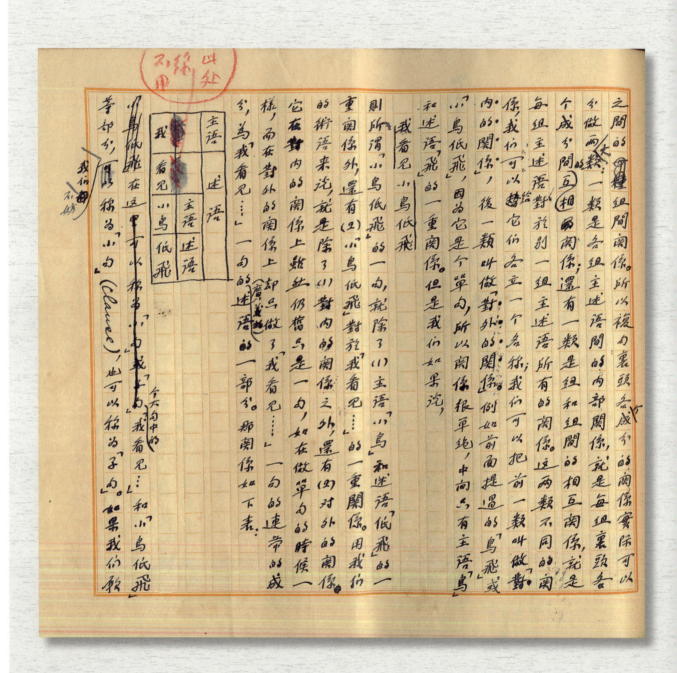

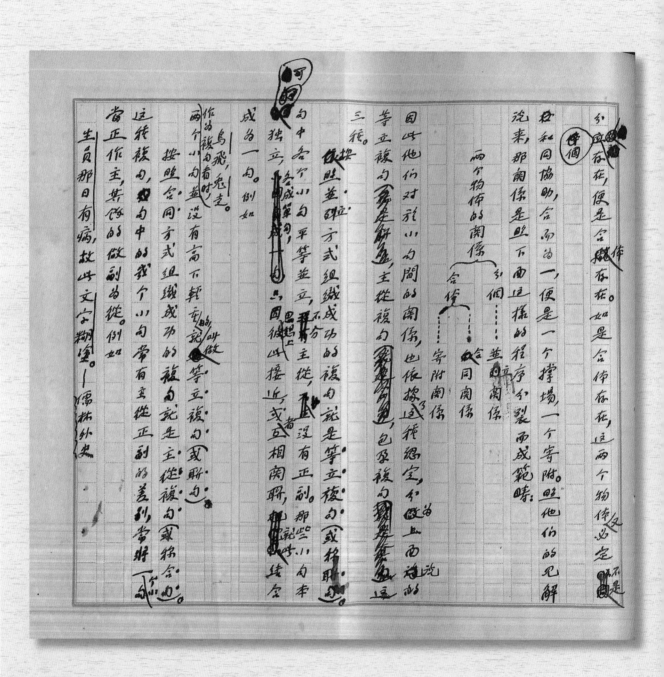

这个复句,就是将"生、黄那日有病"这个小句作为从句做副,文字糊涂
这个小句作主省正,而句互相协合,成为一个复句,这种复句,就
叫做 主从复句(或合句)
按照穿附方式组织成功的复句,就是包着复句,或称套句。
这种复句的常着句中里的包着句,或说句中的一个"词"者,例如前边提过的
寄附参句中,也省作句里的一个"词"者,例如前边提过的
我看见小鸟低飞
这一个□复句,中间就有包着小鸟低飞这一个小句,这个小句
是在句中当做宾语的名词。凡是包含有这种小
句的复句,就叫做包孕复句(或套句)。
句的复句外形的变化要没有什么限制,我们也可以把主从复句印断句做主从复句的成分
组成硬加繁复的复句。我们可以把等立复句印断句做主从复句
句的变化此所以查述成千一例,如:
张三来,李四走,是极平常的事。
包孕复句
鸟飞,兔走,
等立复句的包及复句。
一句含有就是等立复句的包及复句的文法研究者谈到论句子繁复
到为何程度,一定可以把它分析做上面说过的三种复句,就是
等立复句(即是联句),主从复句(即合句),包及复句(即套句)。

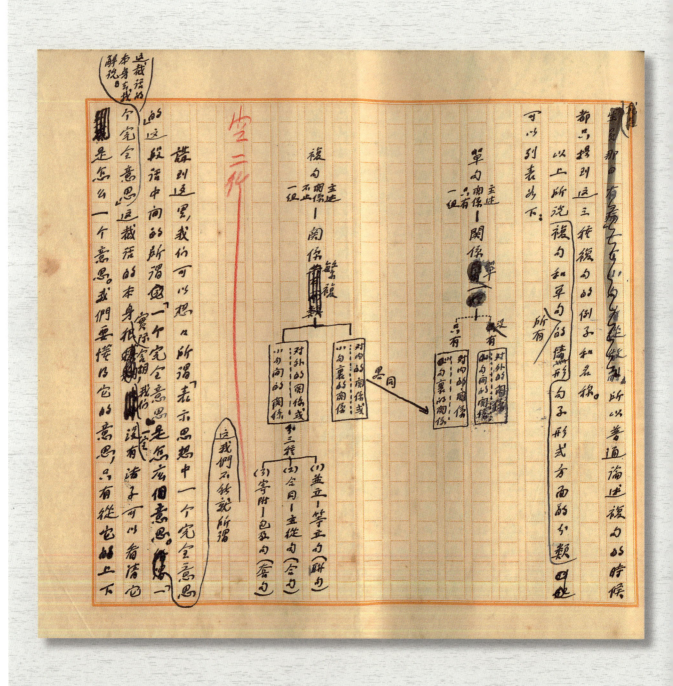

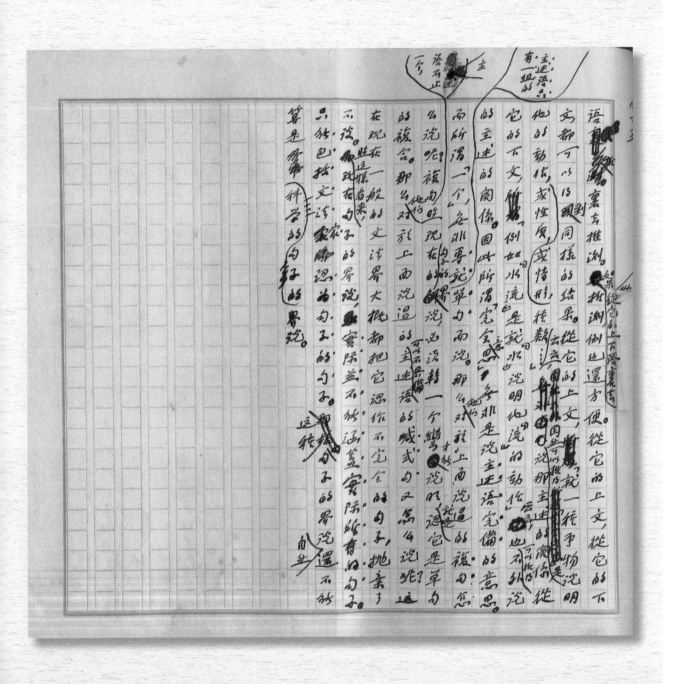

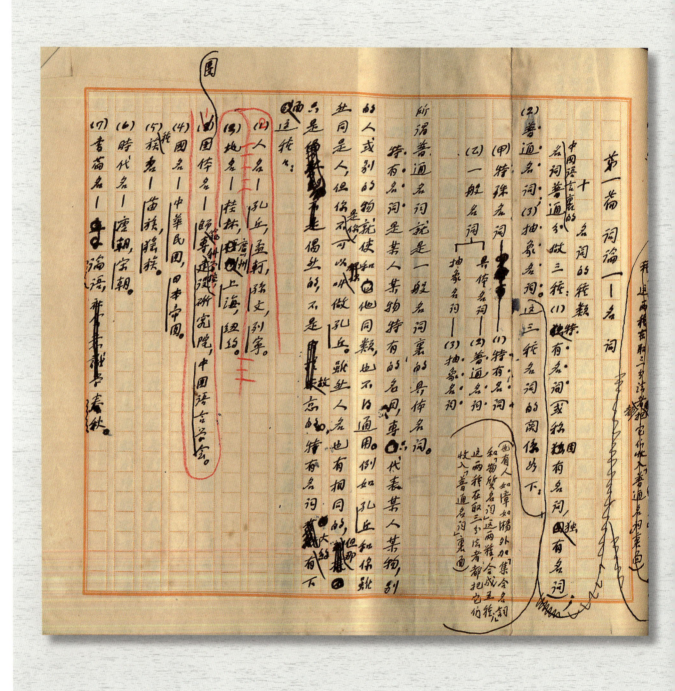

第一篇 词论 — 名词

中国语言裏的名词的种数

十、名词的种数。名词普通分做三种：(1)特有名词(或称独有名词)，(2)普通名词，(3)抽象名词。这三种名词的关係如下。

(甲)特殊名词
　(1)特有名词
　(2)普通名词
　(3)抽象名词

(乙)一般名词
　具体名词——(1)特有名词、(2)普通名词
　抽象名词——(3)抽象名词

所谓普通名词就是一般名词裏的具体名词。

特有名词是某人某物特有的名词，专用以代表某人某物，别的人或别的物就使与他同数，也不以通用。例如孔丘和保甡，共同是人，但保甡不可以叫做孔丘。孔丘就是人名也有相同的，但那不是偶然的不是特有名词。

下面这种种：

(1)人名—孔丘，孟轲，孙文，列宁。
(2)地名—桂林，贵州，上海，纽约。
(3)团体名—师范专科迁校研究院，中国语言学会。
(4)国名—中华民国，日本帝国。
(5)种族名—苗族，猺族。
(6)时代名—唐朝，宋朝。
(7)书籍名—论语，郁达夫，鲁迅。

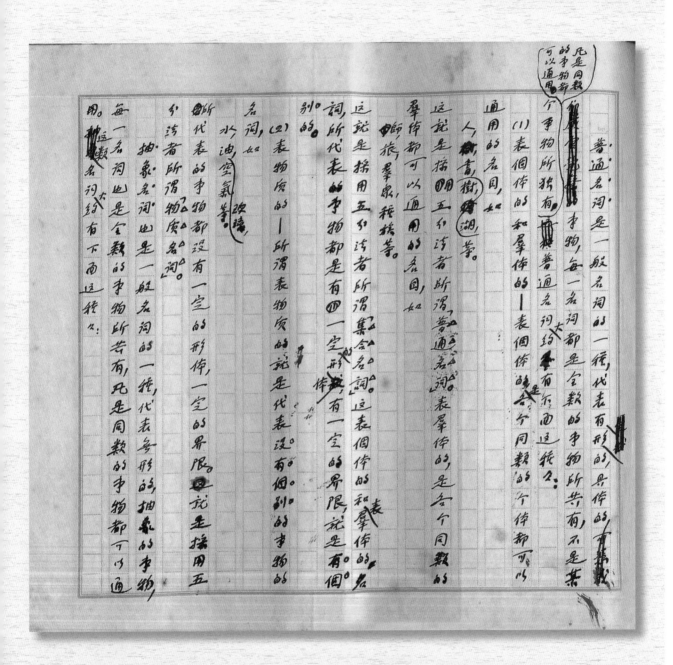

普通名词是一般名词的一种，代表有形的具体的事物，每一名词都是全数的事物所共有，不是某个事物所独有的。普通名词约可以再画这样久：

（1）表个体的和群体的——表个体的名词所代表的是各个同数的个体都可以通用的名词，如人，猿，言，树，江，湖等。

这就是采用五种诗者所谓"普通名词"表群体的是各个同数的群体都可以通用的名词，如狮，猴，群众，秧等。

这就是采用五种诗者所谓集合名词，这表个体的和群体的——表个体的和群体的名词所代表的事物都是有四—定形体或—或有一定的界限，就是有个别的。

（2）表物质的——所谓表物质的就是代表没有个别的事物的名词，所代表的事物都没有一定的形体，一定的界限，就是采用五分诗者所谓物质名词。

抽象名词也是一般名词的一种，代表无形的抽象的事物所共有，凡是同数的事物都可以通用。

每一种这数名词也是全数的事物所共有有下面这种久。

凡是同数的事物都可以通用

水，油，空气等。

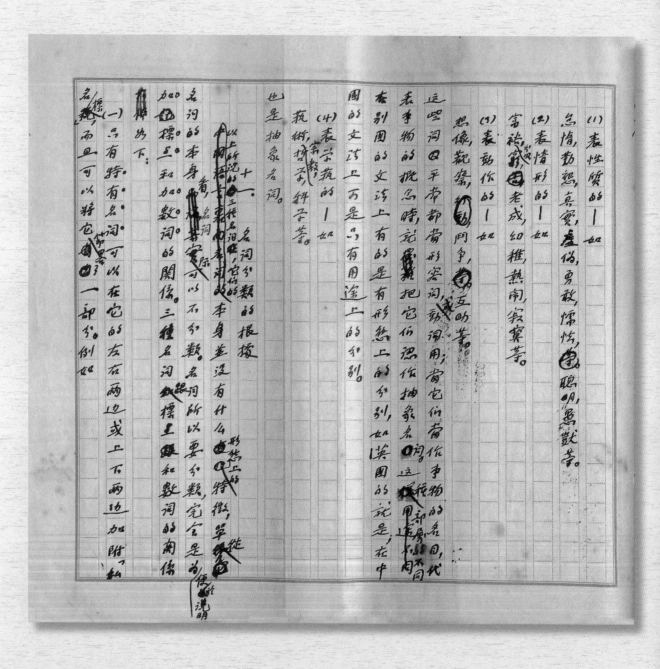

(1) 表性質的——如聰明，愚蠢，勤懇，老實，虛偽，勇敢，懦怯，⑤聰明，愚蠢等。

(2) 表情形的——如富裕，老成，幼稚，熱鬧，寂寞等。

(3) 表動作的——如鬥爭，互助等。

這些詞④平常都當形容詞動詞用，當它們作事物的概念時，就把它們作抽象名詞用，這是用處不同，在中國的文法上万是不有形態上的分別，如漢國的就是在國的文法上万是不有用途上的分別

(4) 表學術的——如藝術，哲學，科學等。

也是抽象名詞。

十一. 名詞分類的根據

以上所說的③三種名詞②官們的本身並沒有什麼形態上的特徵，等於從詞②本身可以不分數，名詞所以要分數完全是為的與說明名詞的本身，加⑤和加數詞的關係，三種名詞跟標志跟數詞的關係

有如下：

(一) ⑤有特有名詞可以在它的左右兩边或上下兩边加附加

名詞，而且可以將它①③一部分⑥別如

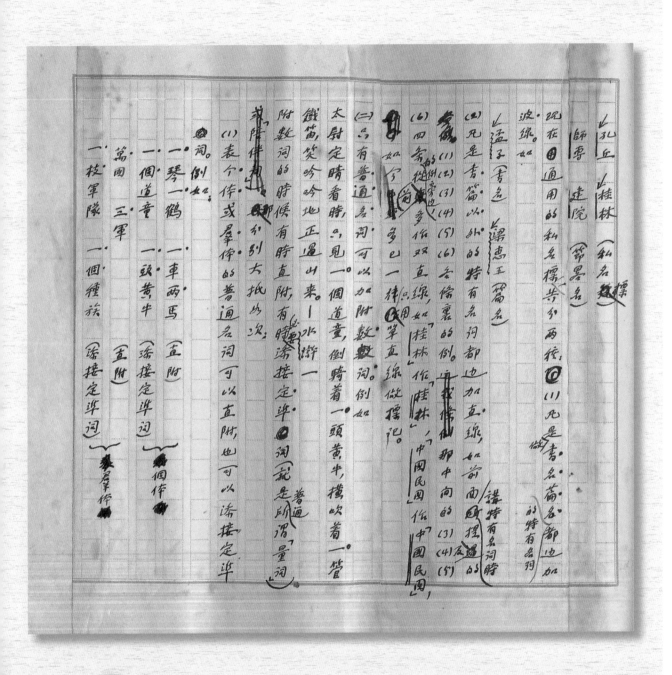

(2) 表物质的普通名词必要添接定举词，不好直接附数词。例如：一斗米，一升盐（不好说一米一盐）

附集数词上添提的定举词在中国语言里非常的多。我们既如已惯了不以为惊，外国人和小孩子却常把它当作语言学习上的一难关，所以外国人著的文法书上往往将它特列一章详细地试论。这数定举词大约可以分作三种，其中他们

(1) 度量衡的名称，尺、寸、升、斗等。

(2) 装盛东西的器物的名称，如用箱装的就说一箱书，用杯盛的说一杯水之类。

(3) 既不是称量物质的，也不是装盛东西的器物的名称，全照一定的习惯随便它要添接的事物性质形状作用而附上一定的许词，不能随便乱加，如人不能说"使"牛又不能说"伙"或"残"，所以觉凡田野麻炯，便说"个"或"位"。不能说"使"个"或"位"。外国人的语文中更甚。其中向最常用的约有下列三十八个：

个人，锭笔(帽子)
管笔，箫，桧等
位客人、先生等
枝笔，花，捲烟等
件事情，衣裳，行李等
本书

把：刀，斧头，鞭，锥等	座：山，城，房屋，庙宇等
张：纸张，椅子，桌子，弓，脸等	道：命令等
双：鞋，袜等（靴，鞋，袜）	口：刀，棺材，猪等
根：棍子，绳子等	阵：风，雨，沙南等
条：街，路，绳，鱼，蛇等	面：镜子，旗子等
棵：树	间：房子
封：信，公文等	颗：红豆，珠子等
头：牛，驴子等	篇：烙等
足：布，绸等	匹：马
门：功课，亲戚等	笔：账，钱等
分：家私等	首：诗，歌等
等：炮，佛等	顶：帽子，轿子等
辆：车	块：土，石，砖，墨等地方

数词可以加在普通名词前，也可以加在普通名词后。但是数词在名词前——千足羊，一歌一猪

数词在名词后——牛一羊一歌一猪

此词必须跟在名词后，例如依他偶像跟前的名词

竹竿篙个，货殖传，诗三百十一篇。

(三) 特有名词

特有名词以外的名词如果加"那"一定是把那名词当作

特有名词用普通名词以外的名词如果加数词他一定是带那名词

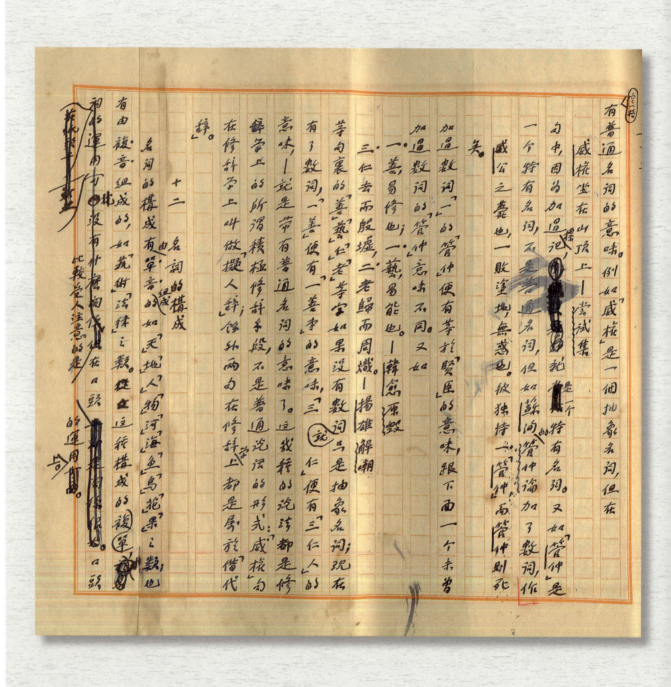

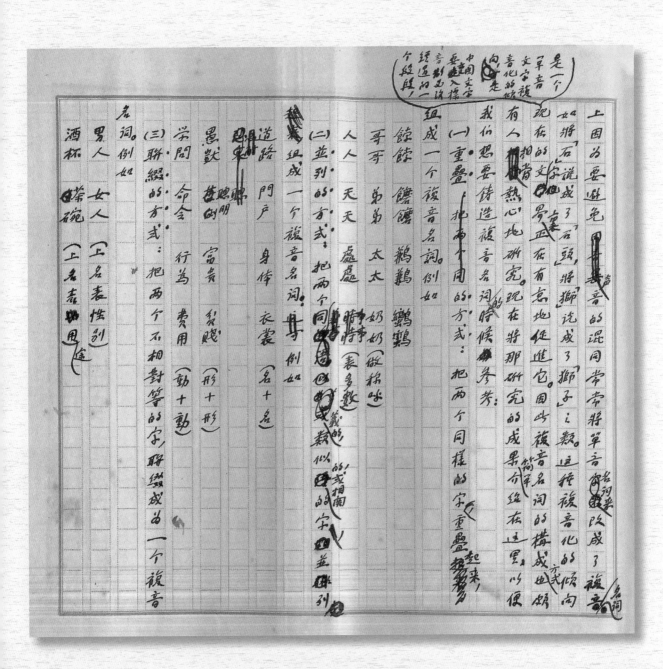

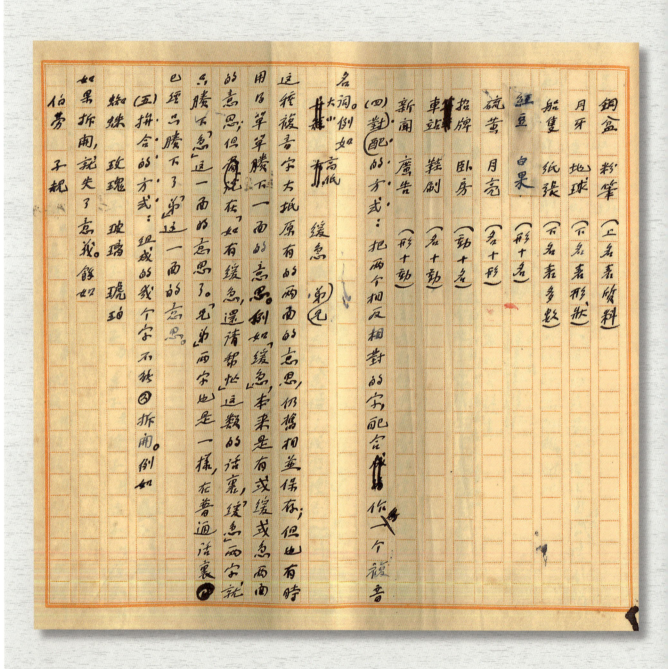

铜盒 粉笔（上名素资料）
月牙 地球（下名表形状）
船只 纸张（下名表多数）
招牌 卧房（动+名）
车站 鞋刷（名+动）
硫黄 月亮（名+形）
红豆 白果（形+名）
新闻 广告（形+动）

（四）对(配)的方式：把两个相反相对的字配合作一个复音名词。例如

高低 缓急 弟兄

这种复音字大抵原有的两面的意思，仍旧相并保存；但也有时用只单单腾下一面的意思。例如"缓急"，本来是有缓或急两面的意思，但腾在"如有缓急，还请帮忙"这类的话里，缓急两字就只腾下"急"这一面的意思了。"兄弟"两字也是一样，在普通话里巳经马腾下了弟这一面的意思。

（五）拼合的方式：组成的我个字不能再拆开。例如

蜘蛛 玫瑰 玻璃 琥珀

如果拆开，就失了意义。例如

伯劳 孑孓

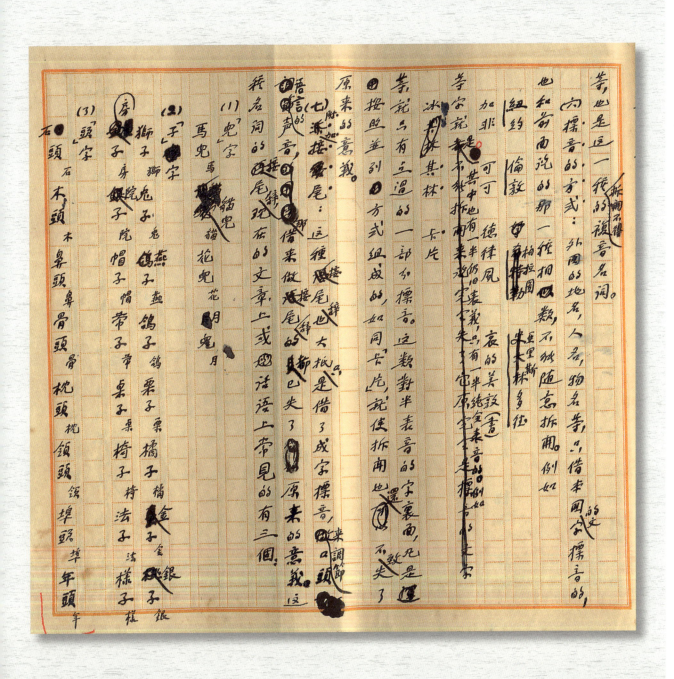

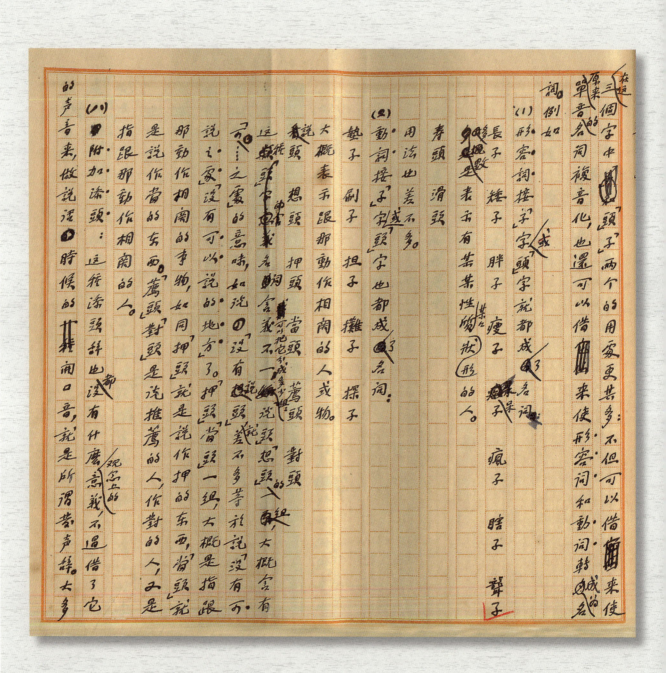

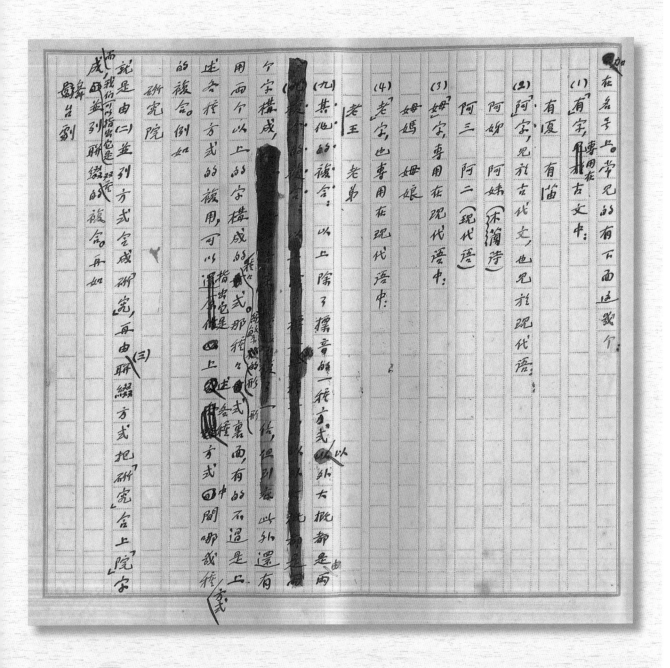

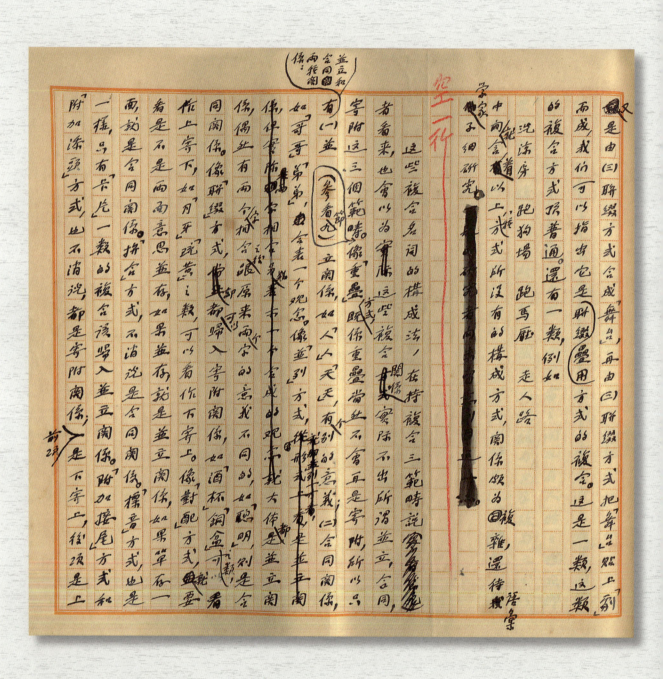

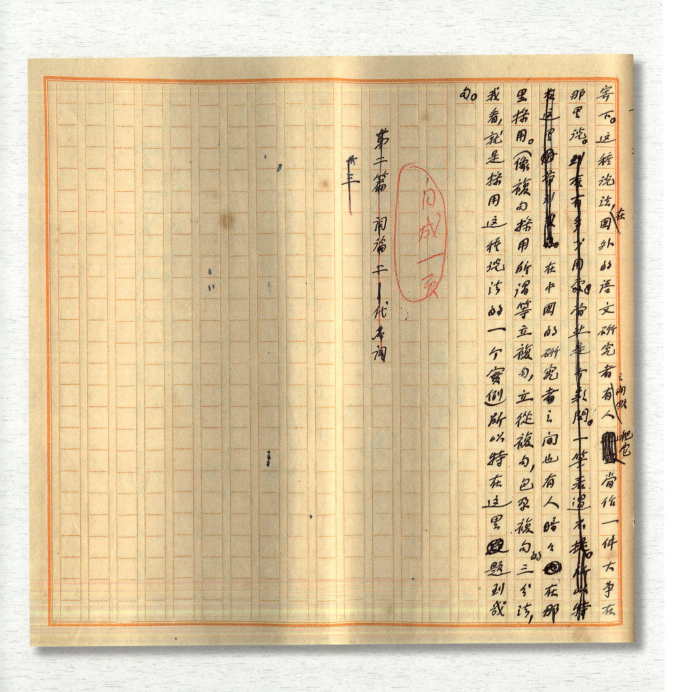

第二篇 词论 十一 代本词

第二篇 词论 二—代名词

十三 代名词的种类

代名词通常分做四种如下：

(1) 身称代名词（或称人称代名词）
(2) 指示代名词
(3) 疑问代名词
(4) 关系代名词 即称复牒代名词 联接代名词

十四 身称代名词

身称代名词是代替说话上的人物名目代的代名词。随着人物的代名词，地位不同，分做自称，对称，他称三种，如下：

(1) 自称（也称第一身称）——用来代替发言者自己的名称。例如"我"。

(2) 对称（也称第二身称）——用来代替对话者（发言人和听话人以外的）的名称。例如"你"。

(3) 他称（也称第三身称）——用来代替发言人和听话人以外的人或物的名称。例如"他"。

说到代的对话上用过的这一种身称代名词可以做成一个表如下：

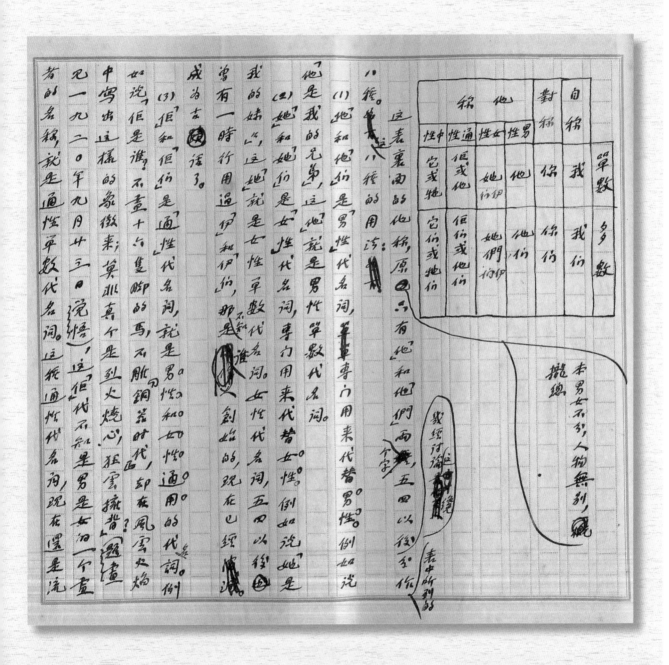

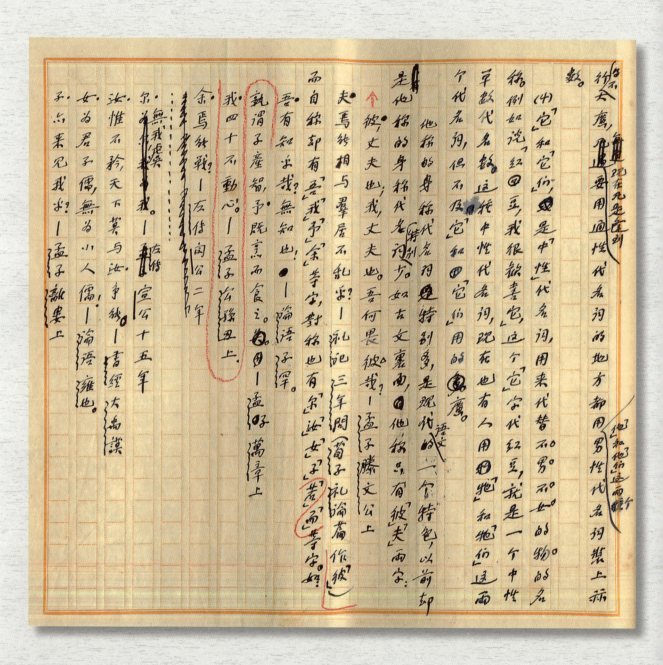

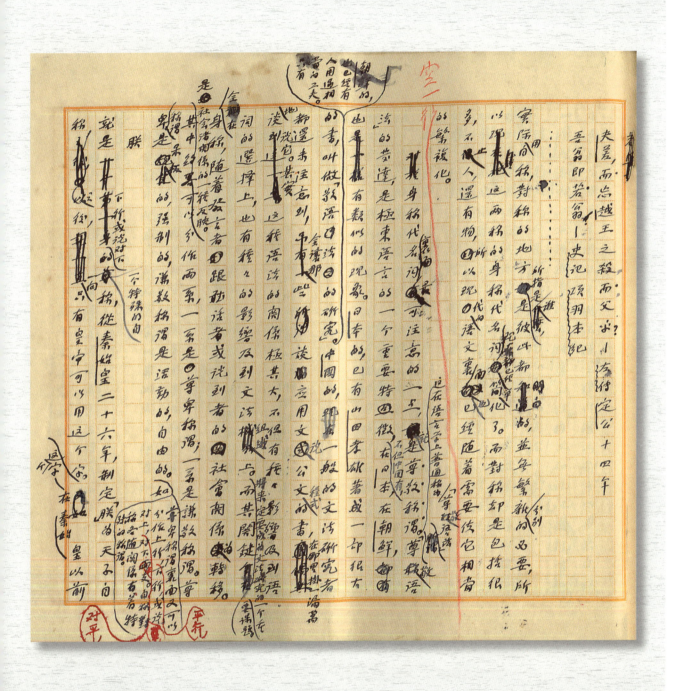

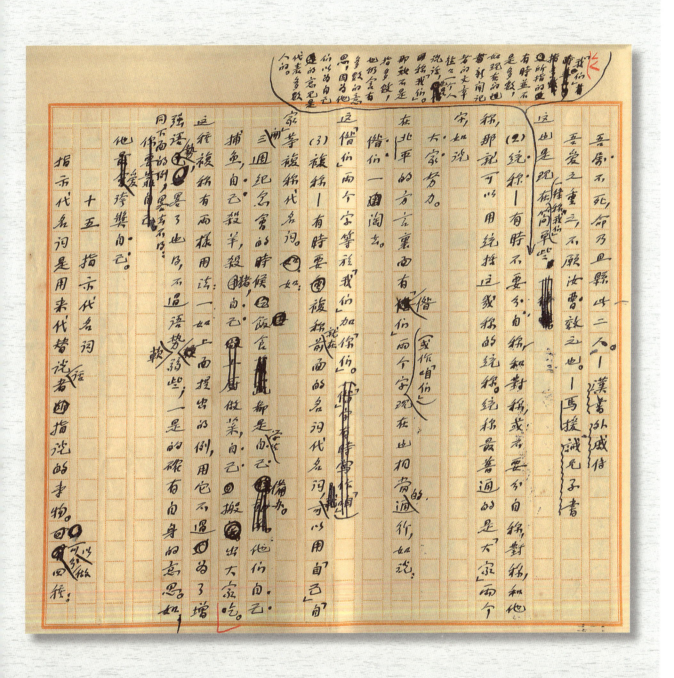

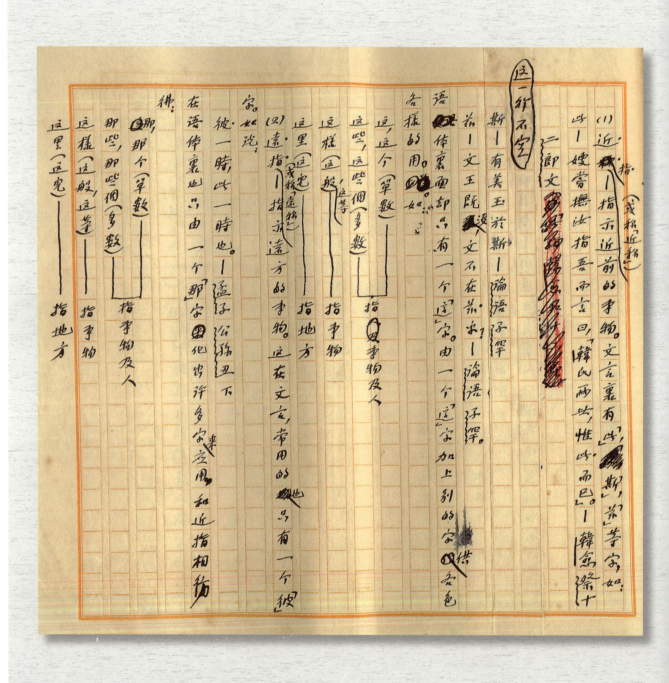

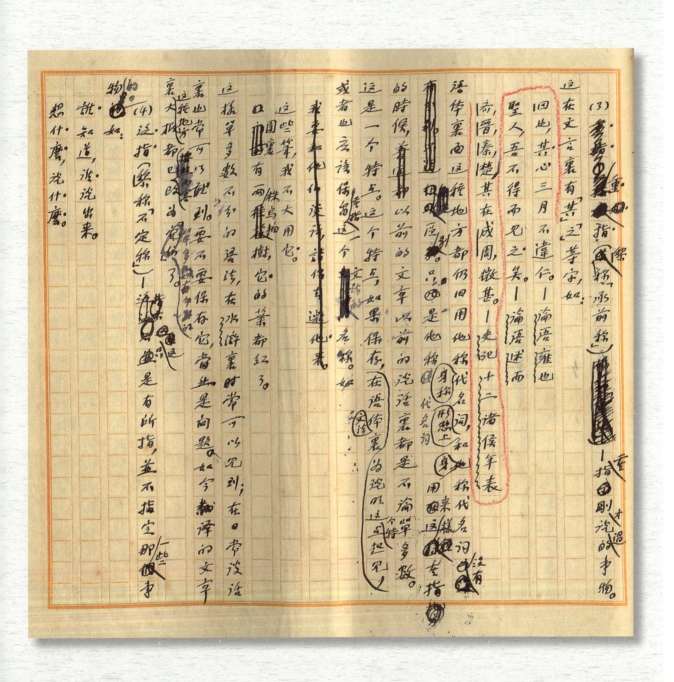

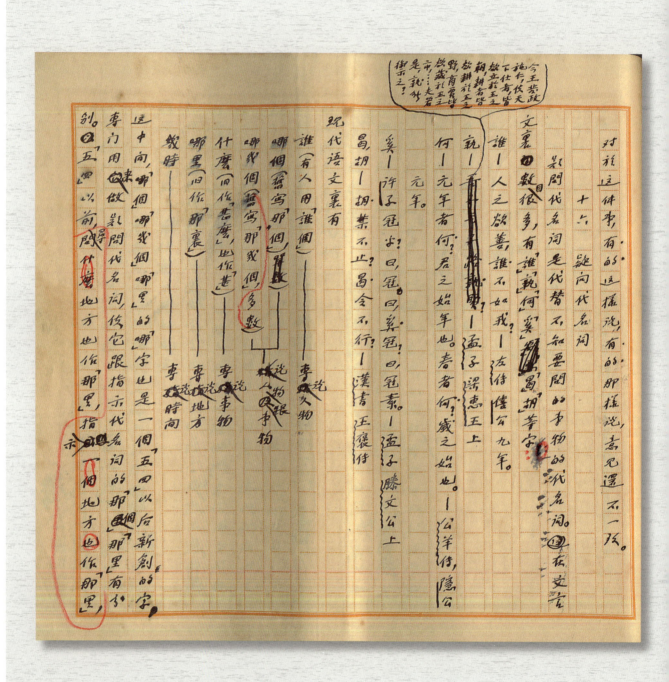

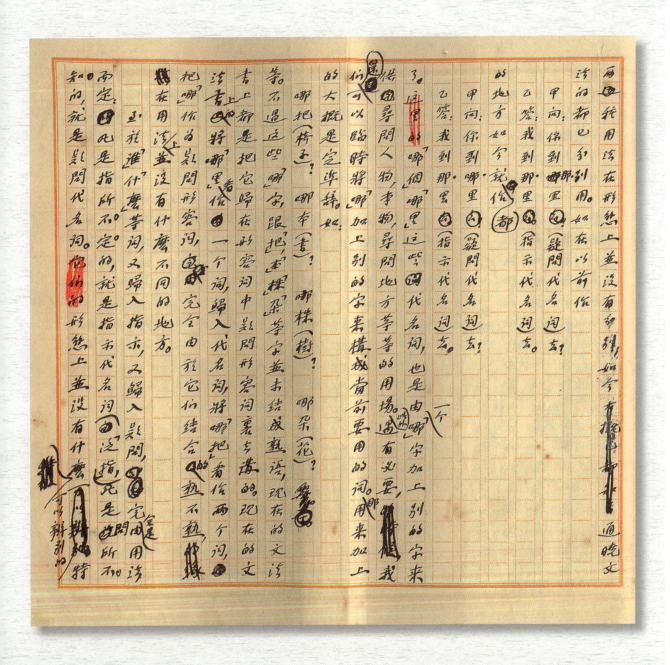

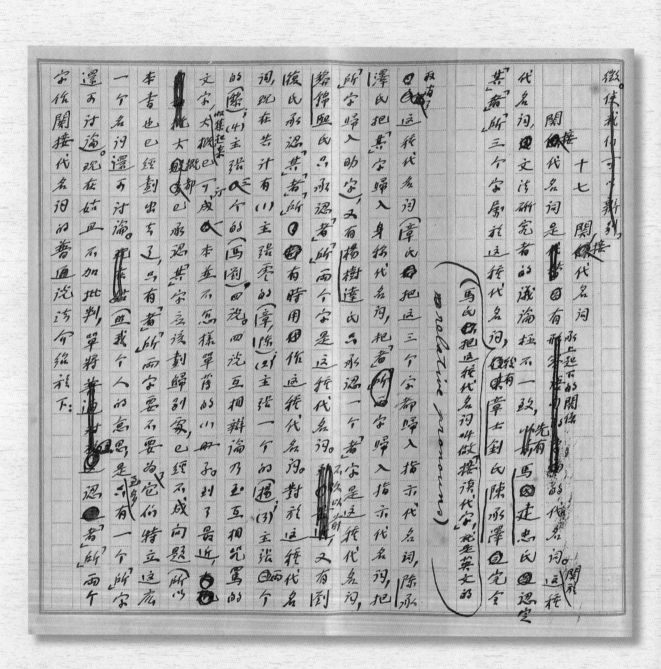

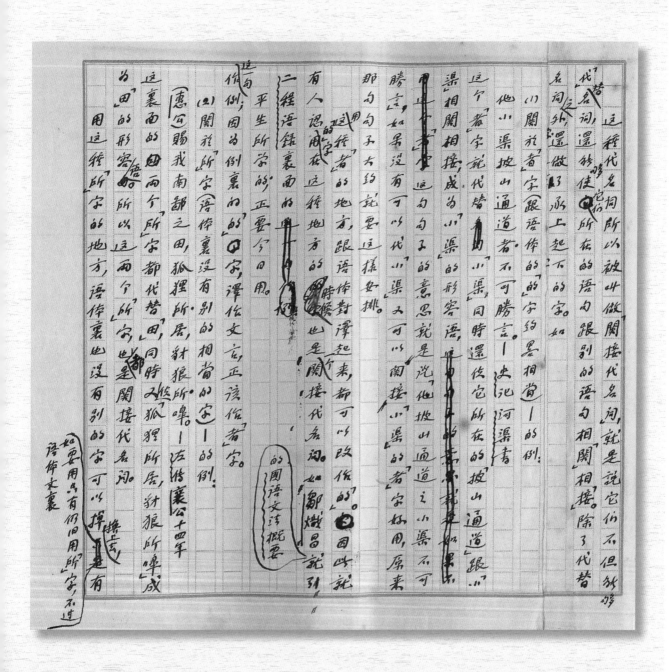

153

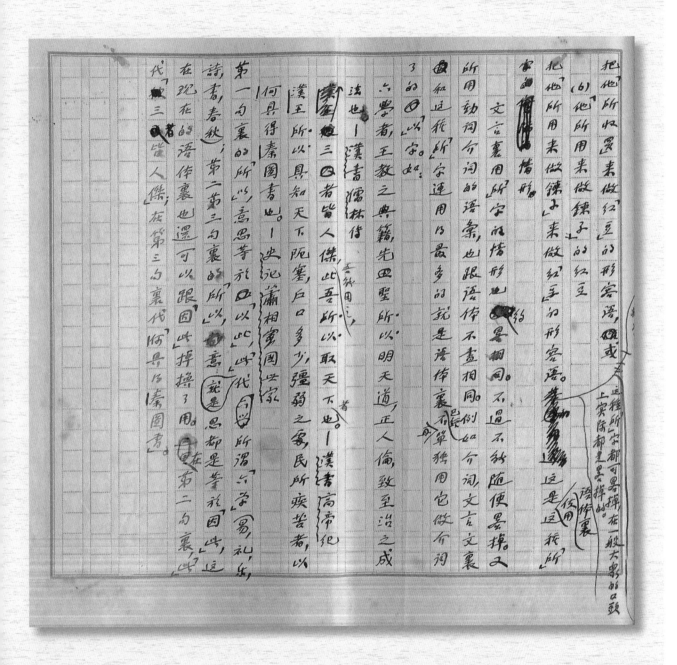

第三篇 詞論三—動詞

十八 動詞的種數

動詞通常分做四種如下：

(1) 內動詞或稱自動詞或稱不及物動詞
(2) 外動詞或稱他動詞或稱及物動詞
(3) 同動詞
(4) 助動詞

十九 內動詞

內動詞就是所謂"動作內凝止於自身"的動詞，動詞的動作所表示出來，沒有旁的事物受它的，如說"他去"、"我來"之類就是。"我來"、"他去"，並沒有旁的事物來承受這"來"、"去"，這"來"、"去"一類的動詞就都叫做內動詞。

內動詞用法上不免異有差別。根據用法上的差別，可把內動詞再分做三種如下：

(1) 一般內動詞——這種內動詞通常都可以單獨用，不必附加旁的字，多上章所提到的"來"、"去"、"起"以及動詞每分做三種如下。

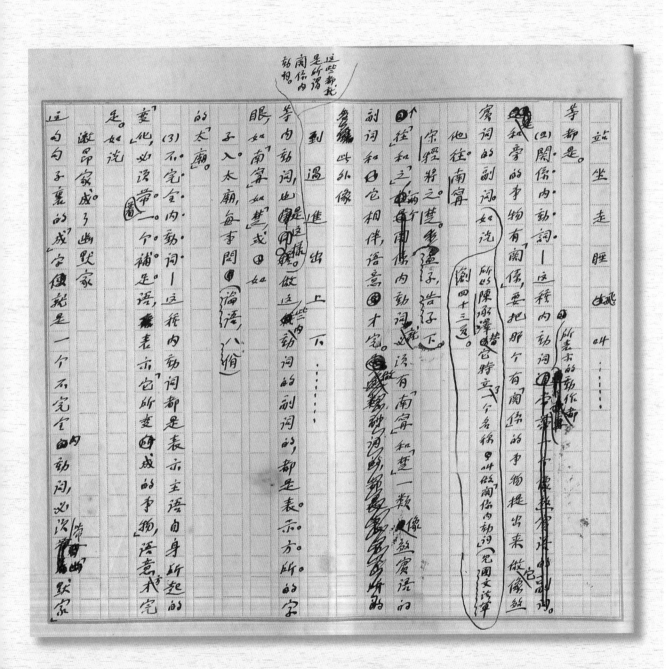

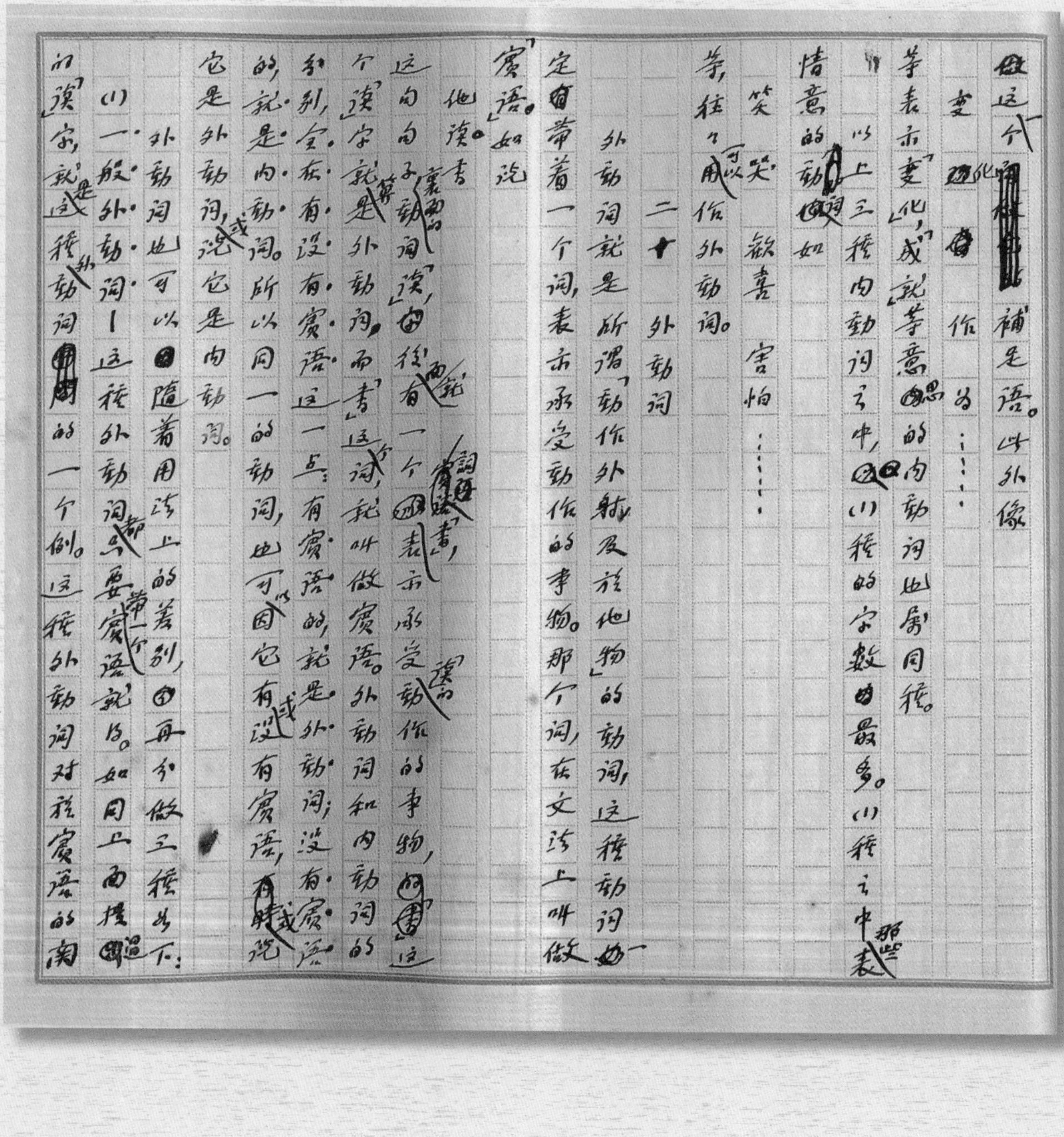

这个补足语。此外像变化作为……等表示"变化"、"成就"等意思的内动词也属同种。

以上三种内动词之中，(1)种的字数最多。(1)种之中那些表情意的动词如笑、哭、欢喜、害怕……等，往往可以用作外动词。

二十 外动词

外动词就是所谓"动作外射及于他物"的动词，这种动词一定常带着一个词，表示承受动作的事物。那个词，在文法上叫做"宾语"。如说

他读书。

这句句子里的动词"读"，后面就有一个宾语"书"，表示承受动作的事物，这个"读"字就算是外动词，而"书"这个词，就叫做宾语。外动词和内动词的分别，全在有没有宾语这一点：有宾语的，就是外动词；没有宾语的，就是内动词。所以同一的动词，也可以因它有没有宾语，或有时说它是外动词，或说它是内动词。

外动词也可以随着用法上的差别，再分做三种如下：

(1)一般外动词——这种外动词都只要带一个宾语就够。如同上面提过的"读"字，就是这种外动词的一个例。这种外动词对于宾语的关

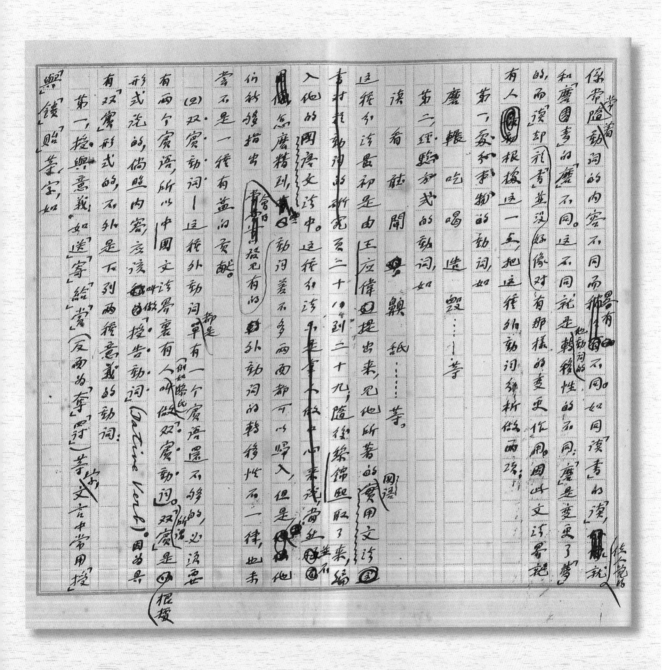

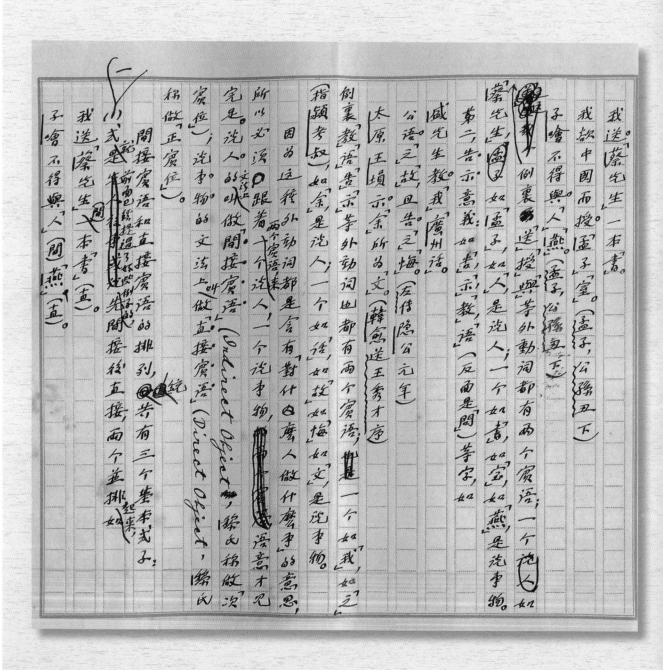

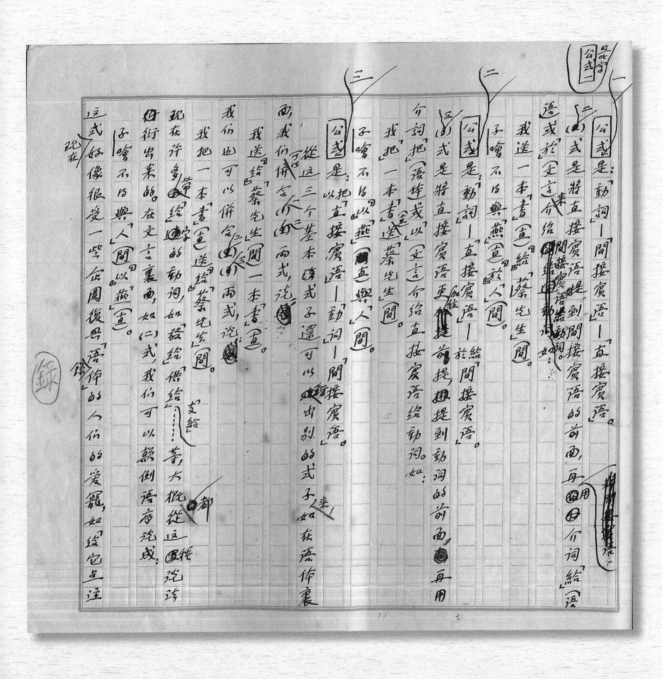

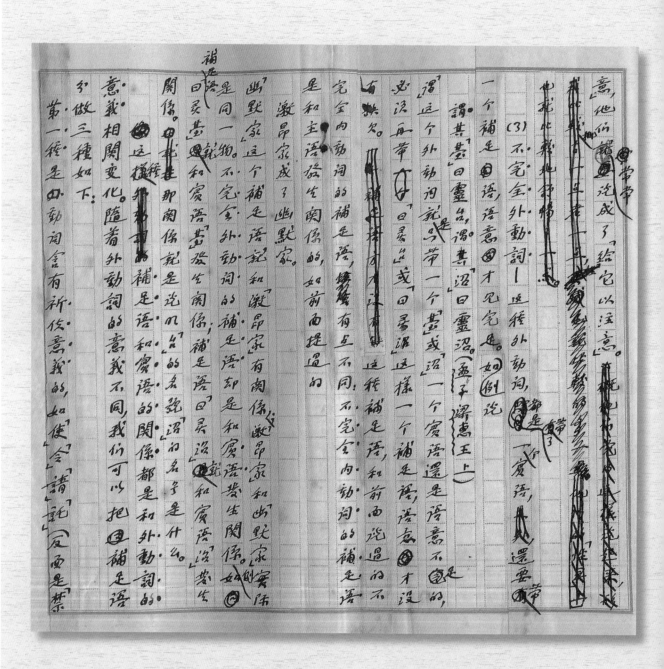

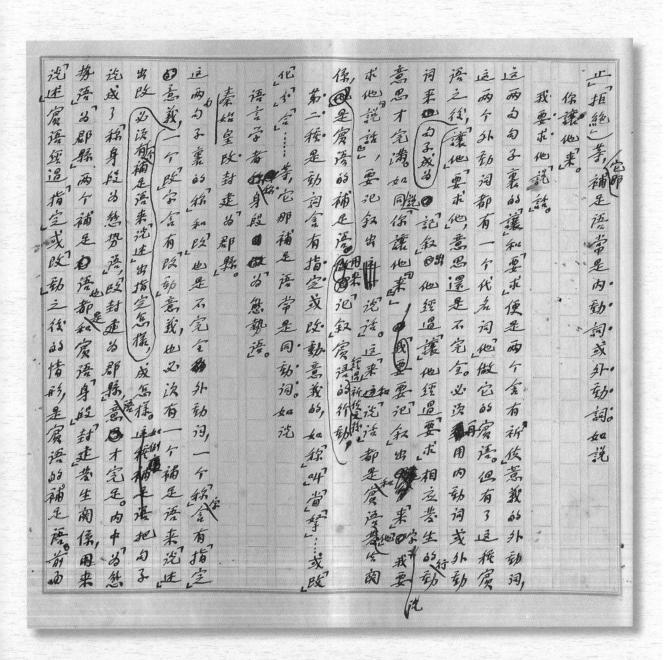

提过的一个"谓"字倒，他是属於这一种。

第三种是表述情意所用的动词，如"爱""憎""希望""爱惠""赞成""批评"等，如说：

我爱他，他"诚实"。

大家信①任他"公正"。

这里的"爱"和"信"（任）也都是不完全外动词，②用来"诚实""公正"等补足语补凑它，语意才完足。这种补足语都是说述宾语中情意所用及的属性，也都是和宾语发生关系，是宾语的补足语，做这种补足语的常是形容词。

以上三种不完全外动词，都会有一种特性，就是不完全相同，但仍可以勉强把他们总成一个式子，说它们都是表示"将什么东西作为怎么样的意思。因此也有人将这种不完全外动词叫做"作为动词"。

作为动词的补足语，在文言上常常把来作动词用。这种用法有两种式子。就是陈承泽氏所谓"致动式"和"意动式"。这两种式子，在形式上都像似外动词，所以补足语作"致动式"用的，可以叫做"致动式的外动词"，作"意动式"用的，可以叫做"意动式的外动词"。这种外动词对於宾语都会有"致他如此"或"意他如此"的

(甲) 致动式的外动词

致动式的外动词——这种外动词所用的

动词 (Factitive Verb)

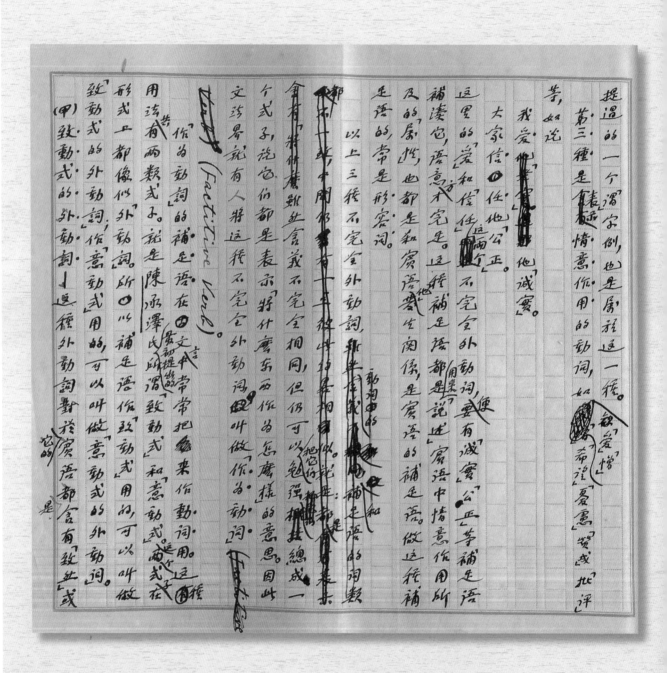

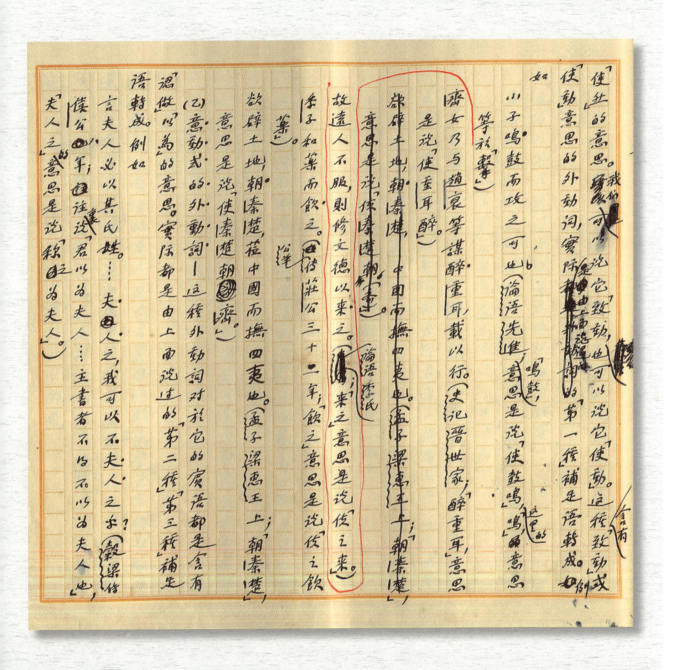

爾欲"吳王我乎?"(曰诈待定公十年,吴王我,意思是说"肯我作"(王")。

孟尝君客我。(战策)客我,意思是说"肯我作客"。

诸侯用夷礼则夷之,进於中国则中国之。(韩愈源道),夷之,中国之,意思是说"以之为夷""以之为中国"。

此其言闻也久。(左襄侯隐公五年)久之,是说"以之为太久"。

不远千里而来,亦将有以利吾国乎?(孟子梁惠王上),不远千里,是说"不以千里为远"。

平中大我言乎!日,王如大之,则何为不行?(孟子)

登东山而小鲁,登太山而小天下。(孟子尽心下),小鲁是说"以鲁为小","小天下"是说"以天下为小"。(庄子秋水篇:大天地而小毫末可乎?)

丝则吾大天地而小毫末可(也)。

彼长而我长之,非有长於我也,犹彼白而我白之,从其白於外也。(孟子告子上):诛注说:我长之,我白之,我以彼为长也,我以彼为白也。

像这数致动意动的用诘,在文言襄用的颇多,学文言时应该知道它的原意,但现在襄却是用的很少,除修辞上有特别的需要外,普通不用勉强用进去,往往会有生硬生涩之感。这也是(语言变迁的一个微象。)

(反映在文诗上的)

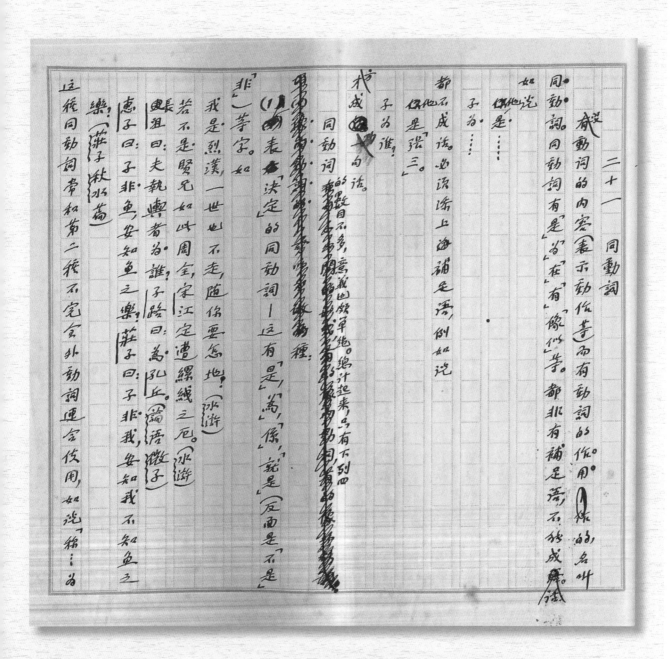

……"败"为……"或"、"络"为……"等。

又这种同动词戴（或作"再"，有时用得很虚灵。例如，在语体文裏係众位是不知道我俩学校规矩（儒林外史第二回）

这句句子裏的"是"字便差不多只有提顿作用，把不知道係众位这个字来特别提起。所以的"字"便和那下文"老友是從来不同小友序齿的"一句不连贯那再下一句的两个"是"字的用法却並沒有的字用法更灵活差不多成因为加了的字这里却便没有的字加不的字这里加的字这里却無有句的結束

是要用一个"的"字的，而这里却並沒有的字。

动词的时候，锗多有差不同。如在平常动词作的时候这句句子的結末或依素位这个字来特别提起和平常用这快空同

这句句子裏的"是"字便差不多有提顿作用。

了除接辞了 连词和副词的辨原为如下：

只是连词今日不同还是（副词）團長先請上。

(九) 表"存在"的同動词

又这种同动词，在文言文裏經省去省去之後，有時就该副词兼同动词的作用。如

"梁父即"（即是）楚将項燕（史記項羽紀）

"斯乃"（乃是）上蔡布衣（全上秦斯傳）

有時竟使连词兼同动词的作用。如

"賈石記開開其礦然視之"則"（則为）石，察之"則"（則为）玉。（俗洋侍傳）

公十六年。

有時或使助词"也"字兼同动词的作用。如

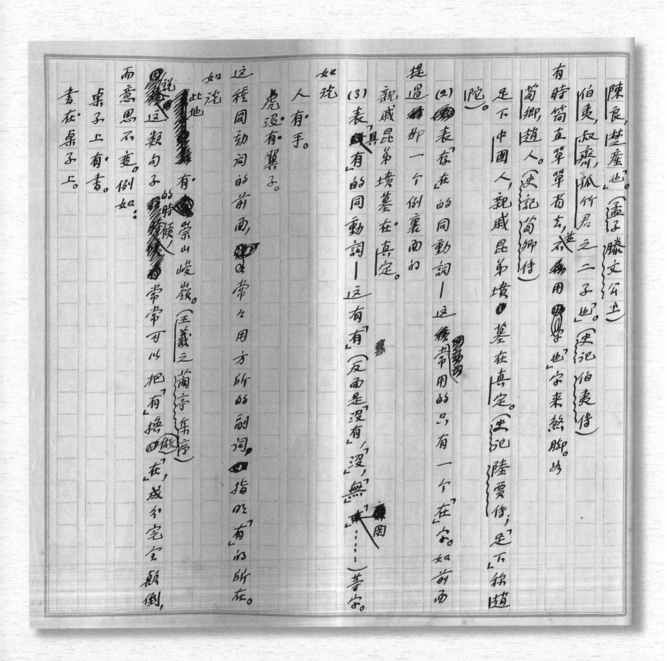

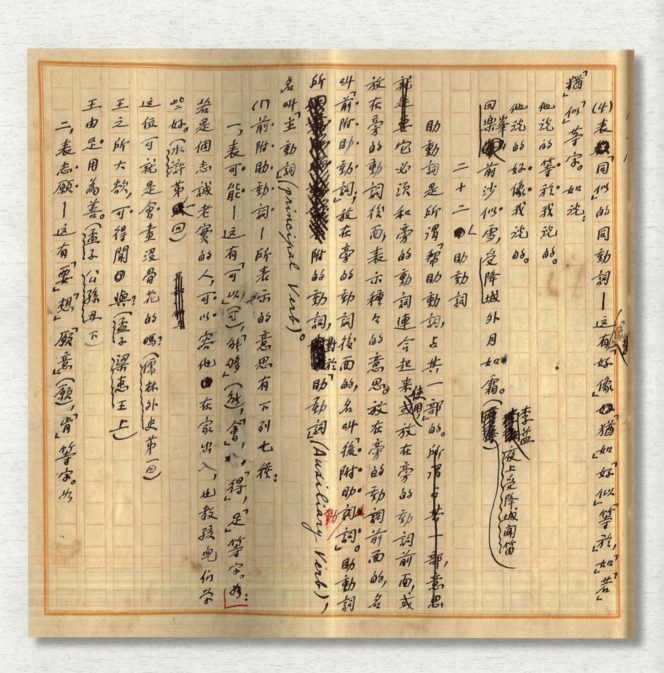

(4) 表〔㊀〕同〔似〕的同動詞——這有好像、猶、如、好似、等等，如"若"、"猶"、"似"等字。如說：

他說的似我說的。
他說的好像我說的。
回樂峯前沙似雪，受降城外月如霜。（李益〈夜上受降城聞笛〉）

二十二 ㈡ 助動詞

助動詞是所謂幫助動詞，占共一部的，所謂幫助的意思，〔使用〕放在旁的動詞前面，或放在旁的動詞後面表示種種的意思放在旁的動詞前面的，名叫"前附助動詞"，放在旁的動詞後面的，名叫"後附助動詞"。助動詞〔對於〕附的動詞，對於助動詞（Auxiliary Verb），名叫主動詞（principal Verb）。

㈠ 前附助動詞——所表示的意思有下列七種：

一，表可能——這有"可以"、"可"、"能"、"會"、"得"、"足"等字。如：

若是個志誠老實的人，可以容他在家出入，出教孩兒們學些好〔永辭第〕〔回〕。（儒林外史第〔回〕）
這位可就是畫沒骨花的嗎？
王之所大欲，可得聞與？（孟子梁惠王上）

二，表志願——這有"要"、"想"、"願意"、"願"、"肯"等字。如：
王由足用為善。（孟子公孫丑下）

我还要到驿门口黄老爹家吃早酒去哩。(儒林外史第二回)

我如聘胎怅来诸,原是不通现我品需怨思了,也可以相谅。

我通不愿去,回(儒林外史第二回)

只是我家嫂也是个糊涂人,说个舍姆,也就像生狼一般,一总不难教训他们怎肯把这猪和借的拿出来?(儒林外史第五回)

三,表尚处——这有"反诘"(反诘)、"鹰诣"(这当)、"须要"(须要)、"须得"(得)等,作"须家"处说。

文学该大象化。

晓人不当此邪?(汉书薛宣传)

惟仁者宜在高位。(孟子离娄上)

四,表必处——这有必定"(必定)、"一定、"[戬]"(戬定)、毕定"(毕)、决定(决)等

五,表或处——这有"许"(或许,也许)、或者"怕"(恐怕)、或"(设或,容或)等家处。

这位星君如此模样,想来必是魁星夫人。(镜花缘第口回)

如此景象,下界文人,定卜其盛。(上上)

雅带语言学,梁定代替了印欧语言学。

即欧语言学也许还有一些时候在世界上流行。

诸王子在京,察有非常(后汉书杨厚传)

六,表被性——这有"被"、"挨"、"受"等家处说。

敲打
挨骂
兄杀
受责

七、表趋势—这有"来""去"两个字为说：
桂官我来问你：
你怎麽作这样的东西，同这路的人订婚？（儒林外史）
(2) 附助动词—後附助动词即辅助表白不光事先在一堆的
大端言十法到却未有所谓表字後，表完成表持续等手续，
早城手行的说法，也不至跟陈春宾排第六班的支店
那样的作用和前附助动词作用不同：前附助动词作用在于限定动词的意义，後附助动词的作用在于补足助动词的意义。就动词说，有时就是限定，有时就是补足，有时就是限定动词说，有时就抹动词说，却是很有上观的抹去抹。那候，那就是作限定用时，意义常随的补足的动词的意义变，很张还空连这样是那样。现在一般的文法书上都笼统地说着"和"起来""下去"表持续，据我看来，很有向题。我们亚乞看他们怎样说，随後再考虑陈述我个人的看法，和谐候共同研究：

一、表可能——这有一个"得"字（和"能"字对应），如：

你既害痛，如何来得？（《水浒》第八回）（助内动）

俺如何与他争得？（全主）

如何借仿你读书？（《儒林外史》第一回）（助外动）

拿不得轻，负不得重。（掌定）

二、表完成——这有一个"了"字，如：

他们来了一会了。（助外动）

吓得把衣袖蒙了脸。（助内动）

三、表持续——这有一个"着"字（助正进行的持续），例

他在那儿坐着。（助内动）

武松敲着桌子。（助外动）

又有"来、起来、下去"四助方面的持续，例如：

凳子搬来了，偺们坐起来。（以上用"来"字势近）

你且听我道来。

大家唱起来吧！

这件事，由你如下去吧（以上用"去"字热方速）

说死说活，绝不如实行的好。（以上"来""去"益用成反搀性。）

这是现在普遍流行的说法草，他们的说法自然都很好，

一方考查语言事实，就会觉得不甚向。因为事实上並没有把表

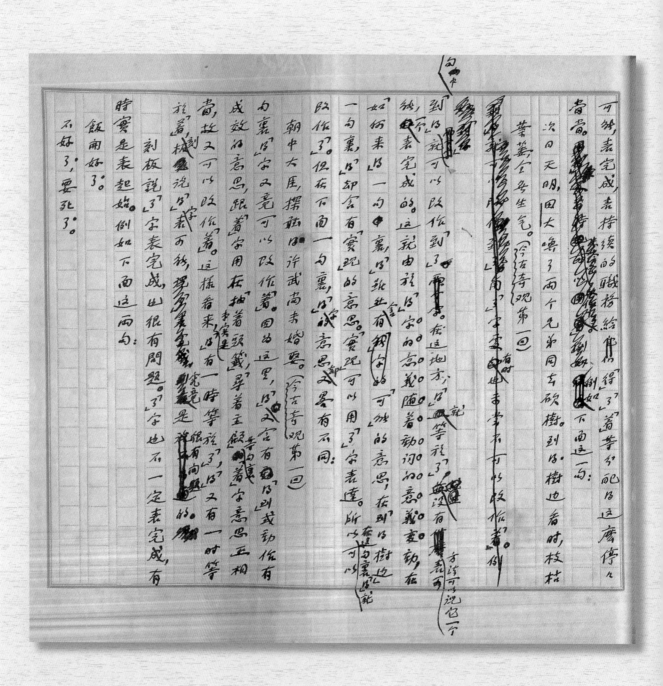

在第一句裏,"了"字固然是有表完成的意思;在第二句裏,"了"字實際上有表開始的意思,它的功用在表示 ⓐ 未來沒有這事情(好的話的⑱等等)現在有ⓐ了。(不好了,要死了。)或者是⑩表示 这事情已經完成,在这种時候說它是表完成實上是很不合,就是說它表起始也有時也還是很合,例如 ⑩ 說下面⑱兩來了。⑩雨来了。不好了。⑩兩来了。兩可以還沒有来,就不但不妨說它表完成,也不妨說它表起始,我們說它是表"展開或進展",刻板說它是表完成⑥那是很有問題的。或正進行的持續,剛在再卑⑱寶陪著"著"劇板說著表持續的有問題前面已經提及,那在不一定表持續,例如,劉寶陪著著寶⑥說着錢,便员缘。〈今古奇說第四回〉说道係玄,無不喜歡,説到助錢,沒一个剔声。〈醒夫對文若盡绝〉这个倒裏的"著"字,便和下面一句裏用的"到"字意思相彷佛。原"着"字實可以用这"到"字代進去。再如:昨晚一夜没有睡着。睡是著;睡不着 的話这些"着"也并没有表示持续或正进行的持续的意思，只是表示动作有没有符合预期达到目的，还有，起来也不一定是表示持续或"方开始"的持续。例如

扣问汨牙节与期印起来没有？

回答：未曾印起来。

而个"印起来"就都是"印成或印完成的意思，不是"持续印"或"开始印"的意思说起来表持续或方开始的持续，也是很有问题的。

这样有问题的说法，在文语界竟然也多支配的势力，推究原因，大概由於大家都染了两种流行病：(1)语文生义，如"安"有可能的意思，了字原有"完了"的意思，起来的"起"字原有"开始"的意思，所以讲的最容易从这原义去讲。讲的也最容易从原义去想，不成问题。(2)译译模仿，译到洋人叹奖，因当洋文讲的时制（Tense）那里速的谈讲，勉强模式一致，於是讲的恰和包顾不了那么多，有割裂事实，而这两种流行病似乎和穿高跟鞋不成问题，而这两种流行病（依穿语言事实，从事实上去印实研究，所以会发生，又在不肯依据语言事实，从事实上去印实研究。

编按：当时曾由评论商务印书馆出版的古书虚字集释谈到这数字的研究，现在摘录於下，藉供参考（原文见太白第一卷第八期：

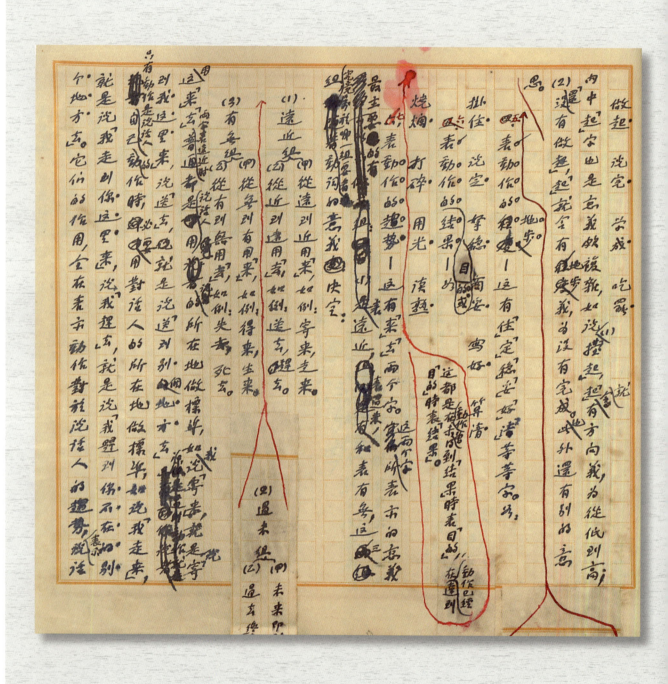

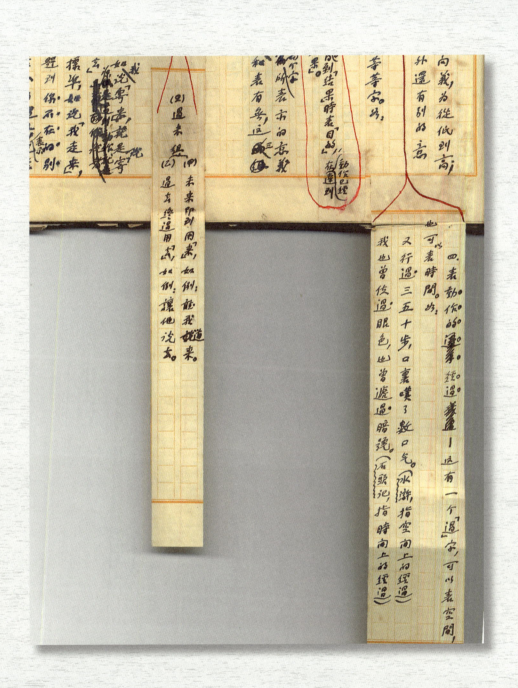

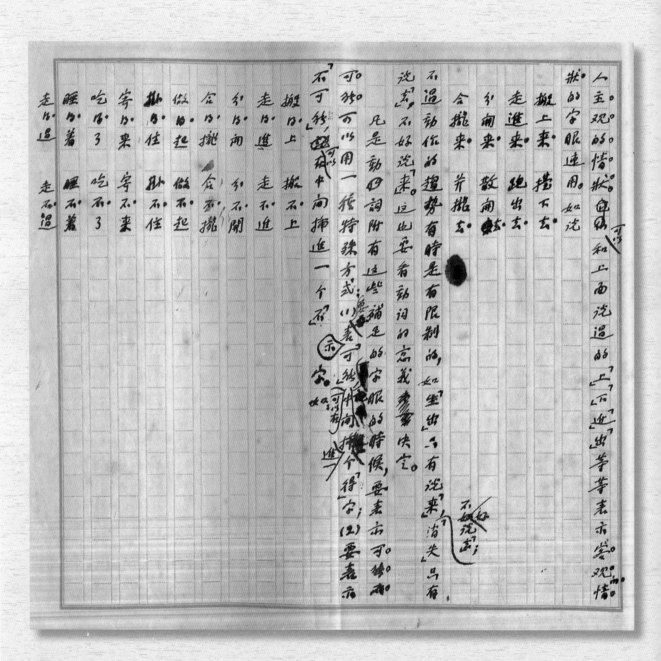

人主观的情状，可以和上面说过的"上""下""进""出"等表示客观情状的字眼连用，如说：

搬上来 搬下去
走进来 跑出去
分开来 散开去
合拢来 并拢去

不过动作的趋势有时是有限制的，如"出"不有"说来"消失马有说"来"。不好说。这也要看动词的意义要要决定。

凡是动词附有这些补足的字眼的时候，要表示可能如不可能，便可以用一种特殊方式(1)要于能性向插进一个"得"字；(2)要表示不可能，便于能性向插进一个"不"字。如：

搬得上	搬不上
走得进	走不进
分得开	分不开
合得拢	合不拢
做得起	做不起
抓得住	抓不住
等得来	等不来
吃得了	吃不了
睡得着	睡不着
走得过	走不过

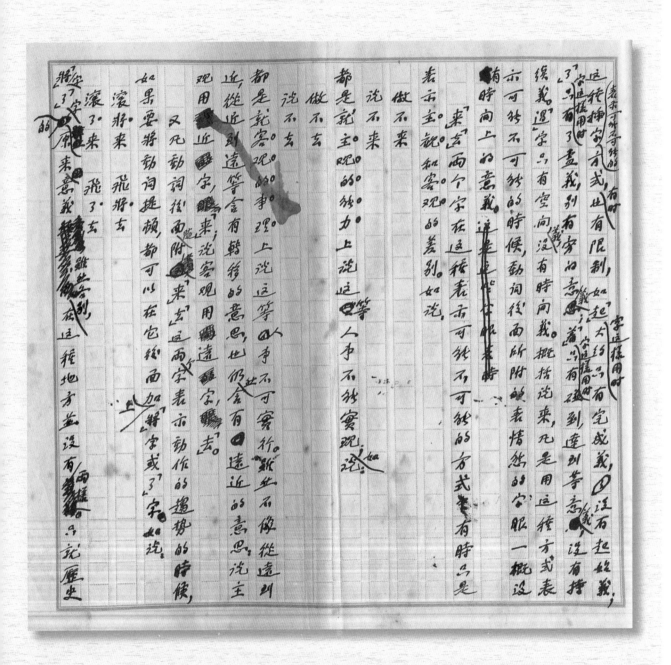

起"将"字这样用法出现得较早，所以比较有陈摭之感，"了"字这样用法出现得比较晚，所以比较有新颖旦颖之感，又"将"字的这样用就地域上说，"将"字的这样用法分布比较狭（现代只有杭州等家还是这样说)，所以比较有生疏之感，"了"字的这样用法分布比较宽，所以比较有熟悉之感了。现在是提一个用"将"字的例在下面：

落後请将周先生来。(儒林外史第二回)
是柳絮飘将春色去…是胡蝶采将春色去…是燕子啣将春色去。(徐人平话硬碾玉观音）
遠遠的有个牧童倒骑水牛，從山嘴边转了过来。瞿买办趕将上去。(儒林外史第一回)
胡屠户站在一边，不觉那隻手隐隐的疼将起来。(儒林外史第三回)

这些用"将"字的地方都是用了"字代的，也意义不会变。

二十三 动词的用法

我们讲内容方面句子的分类的时候（见第七节曾经说过叙述句可以分做记叙和说述两种。这两种句式和动词的用法很有关係。现在我把它说在下面：

（1）同动词和说述的一种用词组有关係。说述句的用词组有一凡是由同动词构成的句子，中是纪叙事实的试样述句式。因为这数句子都是说述情形的，不是记叙事

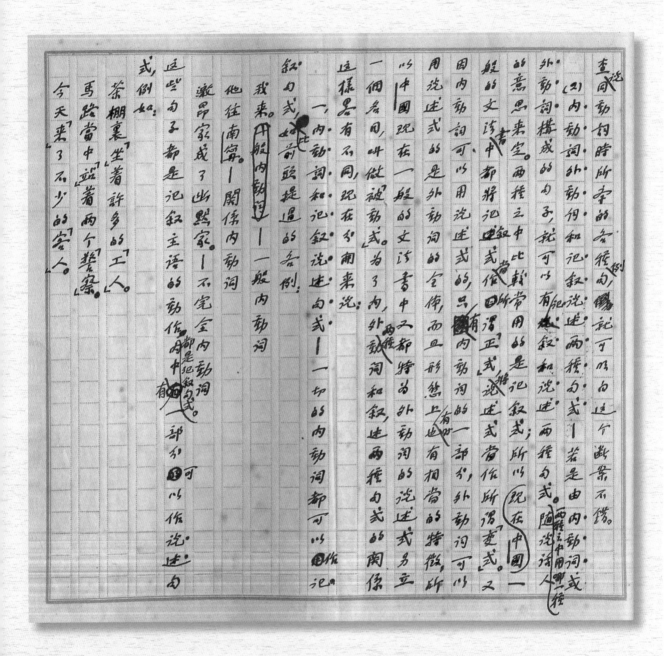

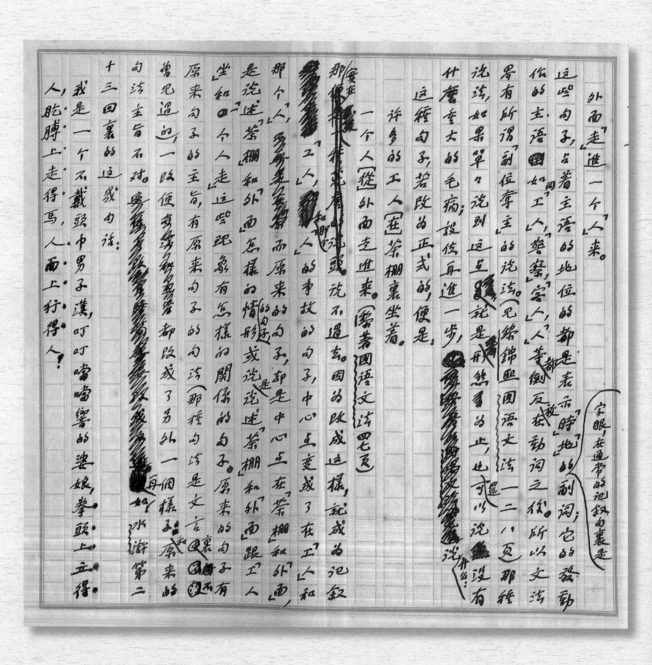

便俊臨樣改為：

……人可以[在]拳頭上，馬可以[在]胼膊上走，人可以[在]人面上行；就是話也纔不成話的，原著精神力量全如風散失了。

除了說述一個現象對於當時地的情形或關係的時候之外，說述一個現象對於某一事物的情形或關係的時候，有些地方也可以用運程說述句式。倒如：

姑娘死了丈夫，與兒子開著飯店。（曹伯明錯勘贓記）

王冕……七歲上死了父親，他母親做些針黹，供給他到村學堂裏去讀書。（儒林外史第一回）

這些句子都是說述主語的遭遇，句法和前頭那些句子相似，也將原來的主語（丈夫、父親）倒反放在動詞（死）之後，但是它們都巴和園歸附了新主語（姑娘、王冕）做這副"倘李"主語，也簡直沒法翻身改成所謂"正式句"的中的"丈夫、父親"，原來是"死"的主語，經過這樣的倒排一倒排起來做新主語的副述語，之後，形式上卻像是"死"的賓語，因此就又譯出下面這樣"把"字提賓的句法：

賈老兒既把個大兒子死了，這二兒子便成了寶貝。（老殘遊記十五回）

注意這些說述句式的動詞，常常附有後附助動詞，"蕭"字，"的"。

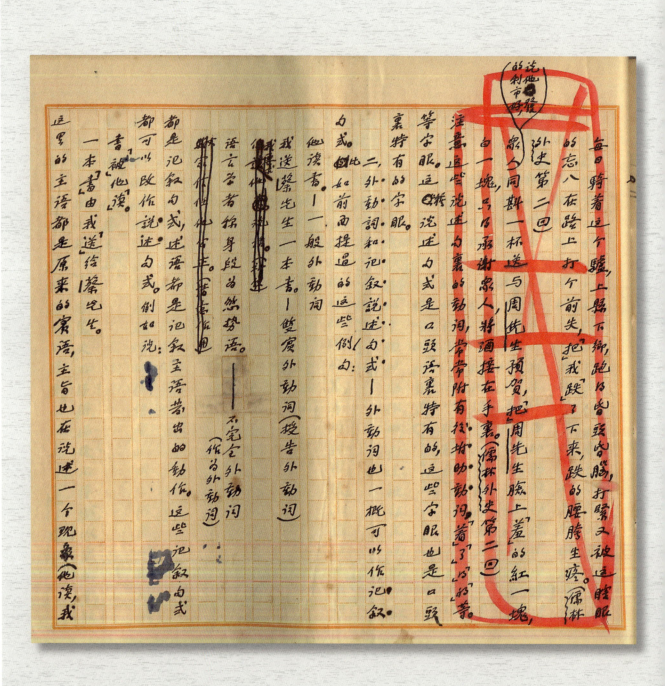

送给蔡先生）对於主语的情形或ند关係，和前节说过的内动词的说述句式相似，所不同的只是内动词的说述句是将四原主语（其实也应该叙述句的主语）倒放在动词之後，由"被"等字介出，如上例（"书"被他读，实际恐怕没有这样说，这外动词的说述句由"被"字介出。）等字介出，如上例（"书"被他读，实际恐怕没有这样说，这外动词的说述句由"被"字介出。）

不过顺便谈谈前头的倒句表示在一般的文法书中都叫做被动式（Passive Voice），因为这样句子的主语是受动作的事物的对这被动式说时，记叙式叫做"原动式"（Active Voice）

"被""挨"等字，在语体的说述句裏，有两种用法：(1) 被用在宾体动词前面用法同於为字，如说：……的为字，如说：

世子申生为骊姬所谮。(礼记檀弓)

這個時候，"被""挨"等字是介词，(2) 就用在动词前面用法同於见字，

如说：

盆成括见杀。(孟子尽心下)

先绝齐而後责地，则必见欺於张仪。(史记楚世家)

这个时候，"被""挨"等字是表被性的助动词，这种介词或助动词在文言裏常被畧去，如：

大国之攻小国（一）攻者农夫不得耕，妇人不得织，以攻为事；（二）攻人者亦农夫不得耕，妇人不得织以攻为事。(墨子耕柱)

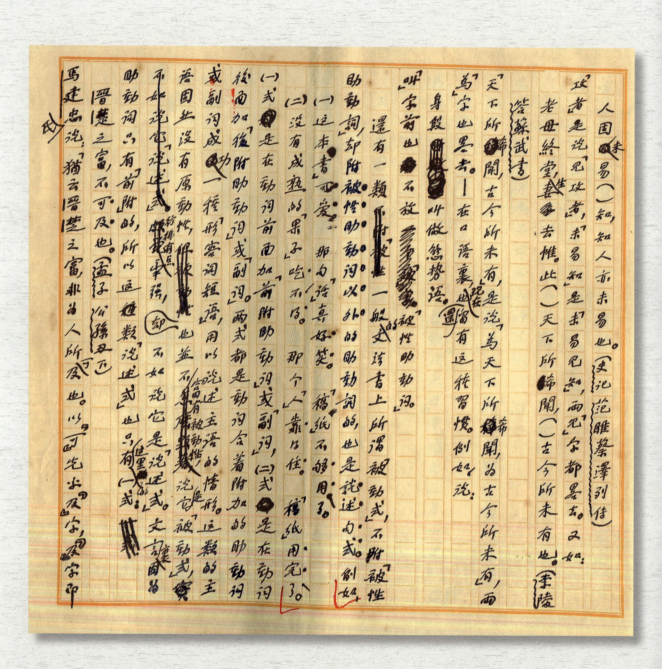

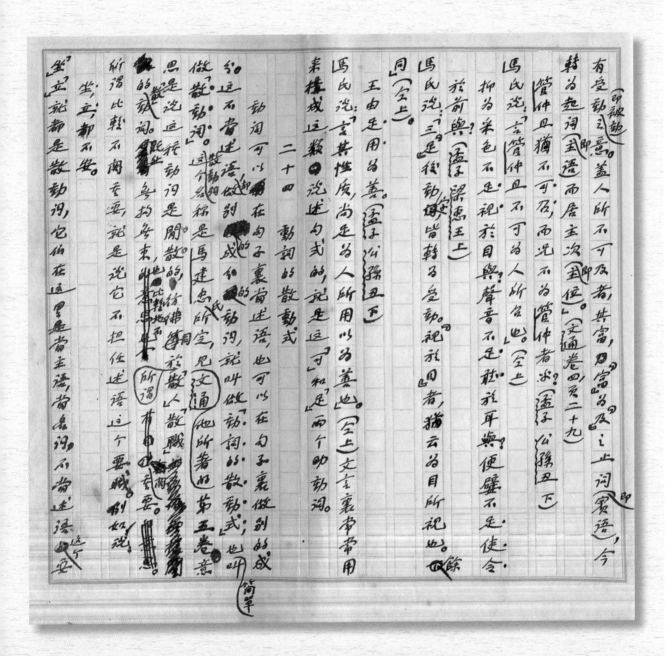

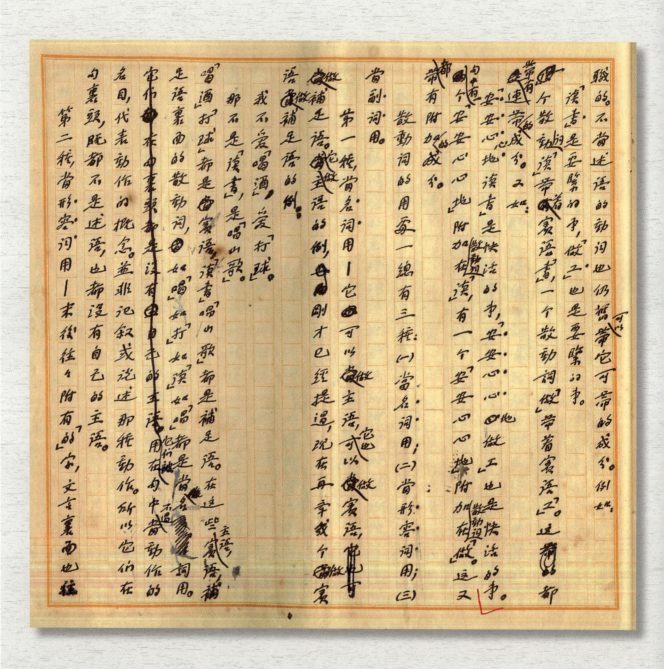

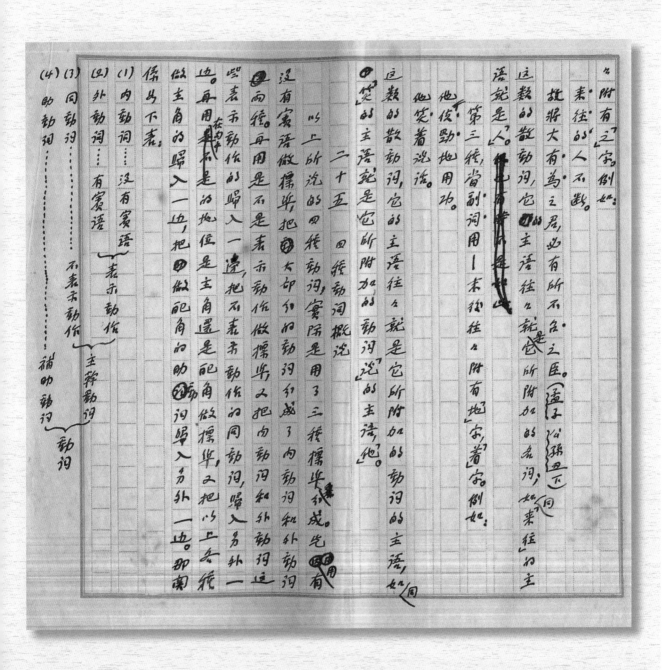

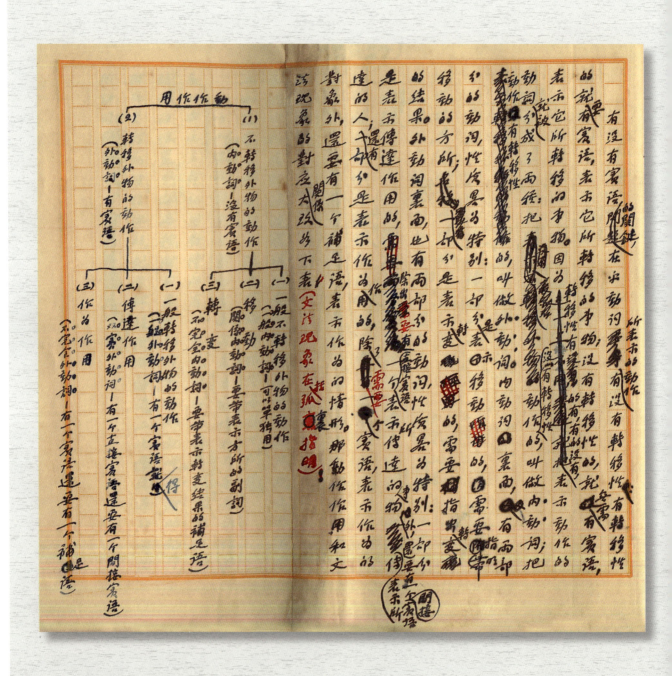

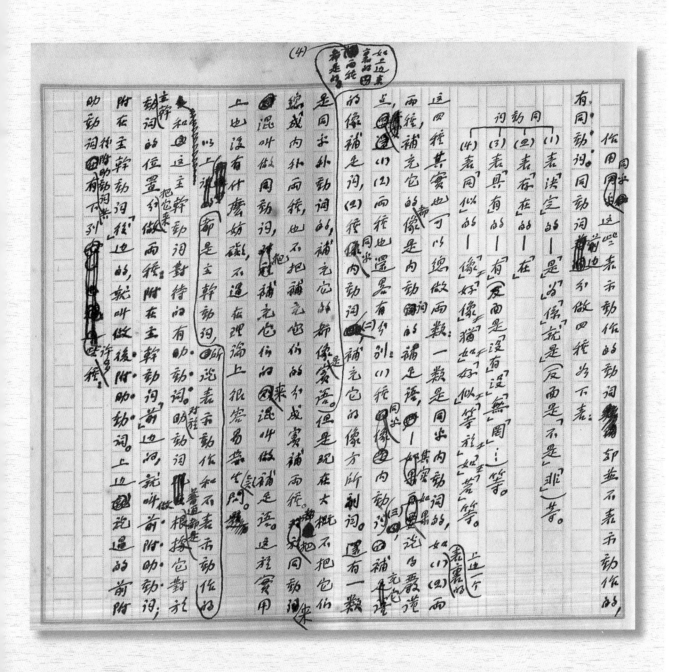

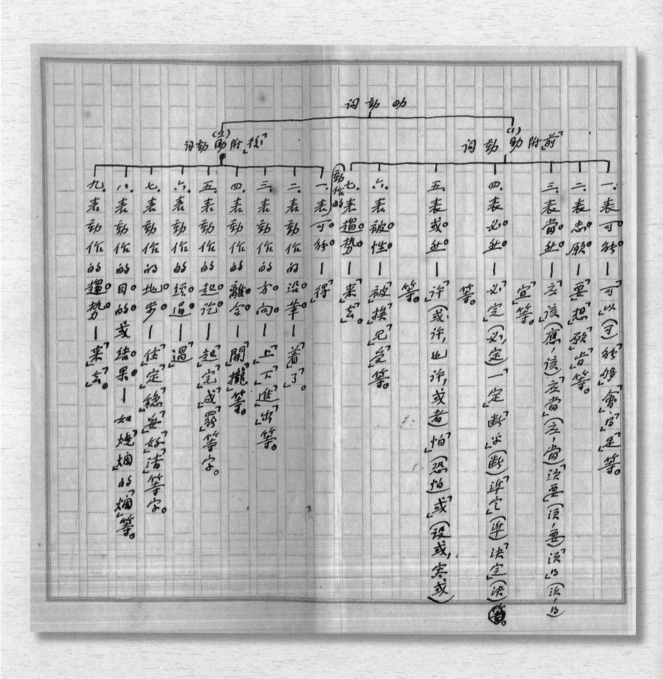

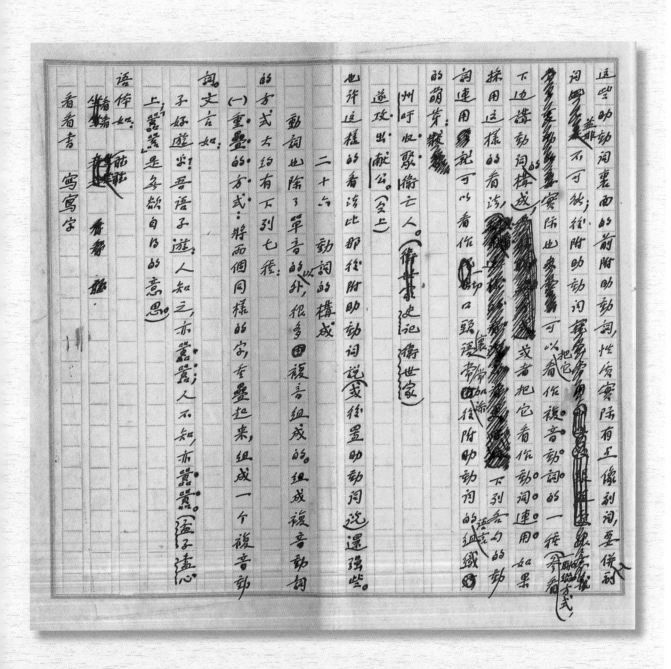

这些助动词里而的前附助动词，性质实际有上像副词，要保初词等等并非不可以改作附助动词；实际也末常可用，如果词连用多就可以看作一个或者把它看作复音动词的一般。下列句子的动词连用如果采用这样的看法或者把它看作动词的一般。下边举动词构成下边举动词构成复音动词的组织

州吁收聚卫亡人。（卫世家）
遂攻出献公。（全上）
也许这样的看法比那後附助动词说或后置助动词说还强些。

二十六 动词的构成

动词也除了单音的外，很多因复音组成的。组成复音动词的方式大约有下列七种：

（一）重叠的方式：将两个同样的字重叠起来，组成一个复音词文言如：

子好游！吾语子游。人知之，亦嚣嚣；人不知，亦嚣嚣。（孟子尽心上）嚣嚣是无欲自得的意思。

语体如：

肪肪　香喷喷

看看书　写写字

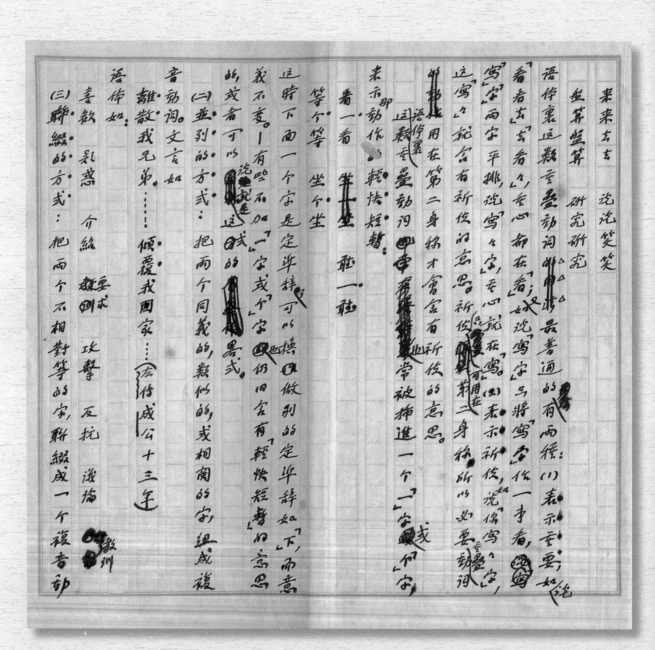

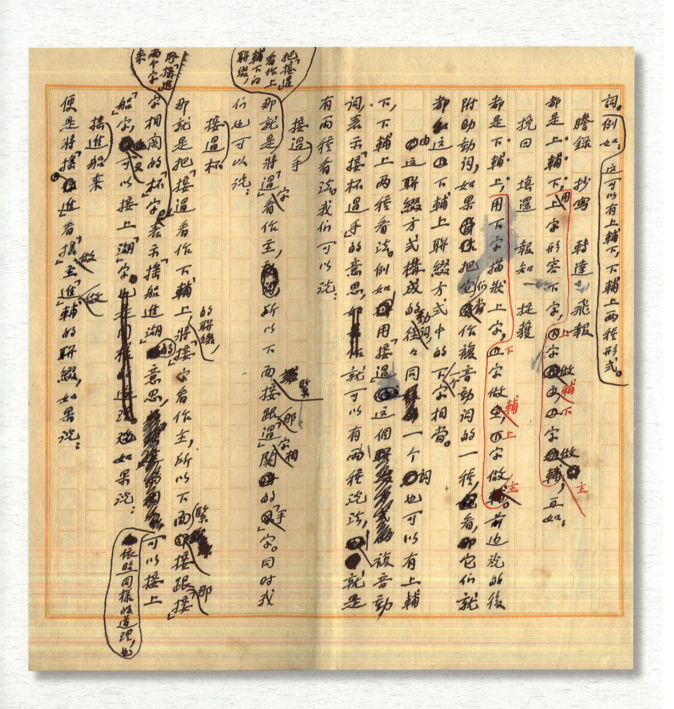

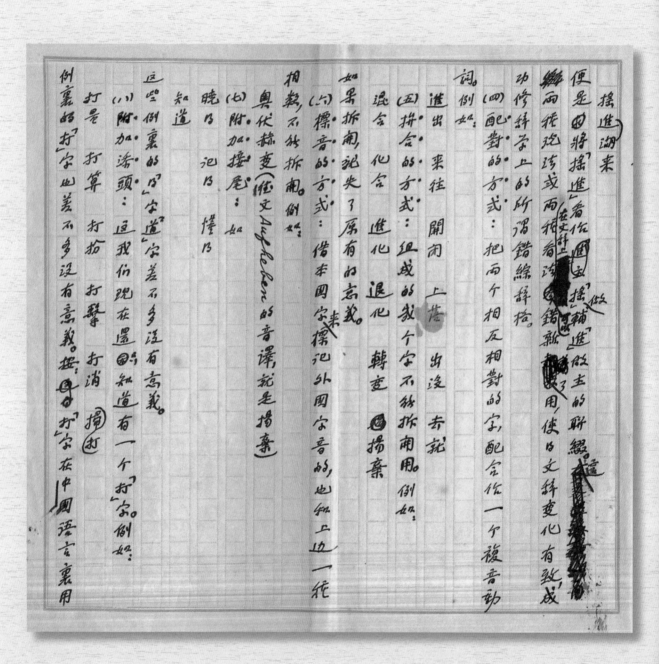

摇进湖来

便是因将"摇进"看作（因由"摇进"做辅主的联缀。这）做在史辞上，两拖琐琐或两相看涂（史辞上，又错用换新辞了），用，使出文辞变化有致成功修辞学上的所谓错综辞格。

(四) 配对的方式：把两个相对相反的字配合作一个複音动词。例如：

进出　来往　开闭　上落　出没　去就

(五) 拼合的方式：组成的数个字不能拆开用。例如：

混合化合　进化退化　转变　扬弃

(六) 标音的方式：借本国字摆记外国字音的，也和上边一般，不能拆开倒转。

如果拆开，就失了原有的意义。

奥伏赫变（徳文 Aufheben 的音译，就是扬弃）

(七) 附加接尾：如

晓乃　記乃　懂乃

知道

这些倒裏的"乃"字差不多没有意义。

(八) 附加添头：逗我们现在还不知道有一个"打"字。例如

打是　打算　打击　打消　捣訂
打拾　打扮

例裏的"打"字也差不多没有意义。摇：打"字在中國語言裏用

学术研究文稿

雯极吻。在宋朝也引起读书人的注意。即欧阳修的归田录裏说：

今世俗言语之讹，而举世君子小人皆同其谬者，惟"打"字尔。打
雅其义本谓考击，故人相殴，以物相击，皆谓之打，而工造金
银器亦谓之"打"可矣，盖有撞挝作击之义也，至於造舟车者曰
打船，打网鱼曰打鱼，汲水曰打水，役夫饷饭曰打粘，以丈尺量
地曰打量，牵手试眼之昏明曰打试，至於名儒硕学语皆如此，
触事皆谓之"打"，而编摭字书，了无此字。

可见"触事皆谓之'打'"宋朝也经有此偶欧阳永选段话
意思是在反数同朝其尝也曾在他所著的能改斋漫录
裏说到这个字。他在哪"打"字从手從丁的题目底下说：

欧公归田录：今世俗言语之讹，而举世君子小人皆同其谬，惟
"打"字耳其义本谓考击，故人相殴，以物相击之义也，而工造
金银器亦谓之打可笑，盖有撞挝作击之义也，至於造舟车者曰
车，网鱼曰打车鱼汲水曰打水，役夫饷饭曰打粘，以糊粘纸曰打糊，以丈量
打衣粮，从者执笔曰打伞，以糊粘纸曰打粘，以丈量
以手试眼之昏明曰打试，至於名儒硕学语皆如此，触事皆谓
之"打"，以上皆欧公语。予尝考释文云：丁者当也，打字从丁，
以手当其事也触事皆谓之打，亦无嫌矣。夫岂欧公偶忘释文

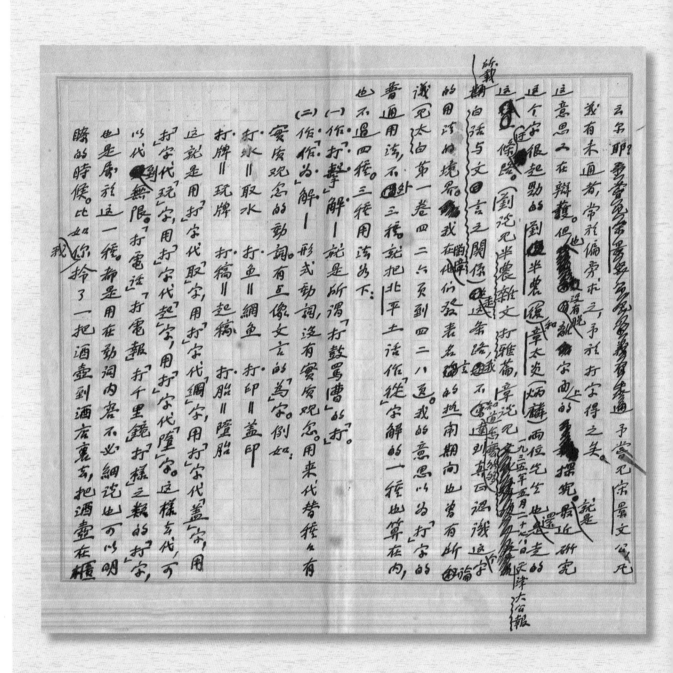

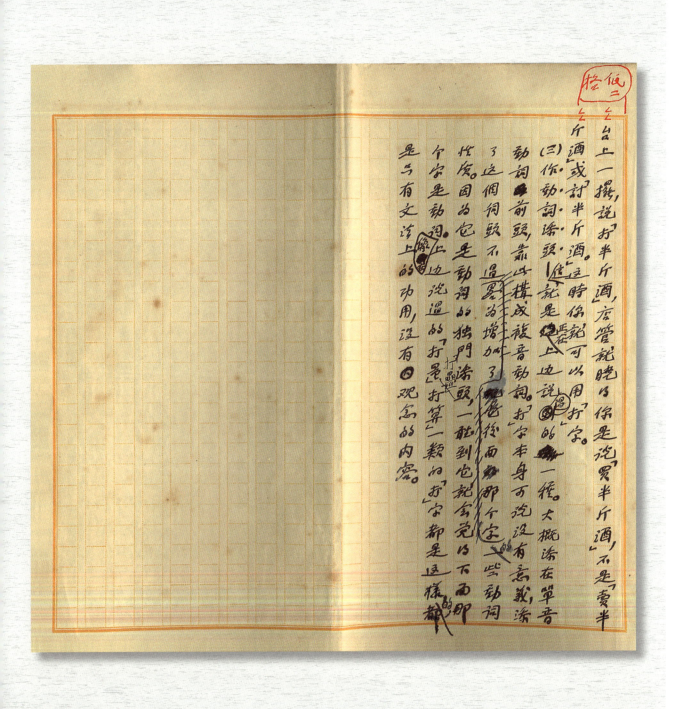

台上一摆,说打半斤酒,店管就晓得你是说"买半斤酒",不是"卖半斤酒,或讨半斤酒"。这时候就可以用"打"字。

(三)作动词添头。"打"就是上边说的一类。大概添在单音动词前头,靠此构成复音动词。"打"字本身可说没有意义,添了这个词头不过是为增加动词的性质。因为它是动词的独门添头,一碰到它就会觉得后面那个字又些动词性质。上边说过的"打"是打算"类的"打"字都是这样,都是与有文法上的功用,没有口观念的内容。

第四篇 句论——"实体词的七位"说

二七 "实体词的七位"说的内容和评价

现在汉界流行的有所谓"实体词的七位"说。所谓实体词，就是名词和代名词。所谓七位，就是

(1) 主位，(2) 呼位，(3) 宾位，(4) 副位，(5) 补位，(6) 铭位，(7) 同位。

下列七位依位次：

(1) 连七位的中间有说"实体词的七位"就是：

(一) 用做主语的……在主位；

(二) 用做宾语的……在宾位；

(三) 用做补语的……在补位；

(四) 用做形容词附加语的……在铭位；

(五) 用做副词附加语的……在副位；

(六) 用做同位的……在同位；

(七) 用做呼语的……在呼位。

就南式说看出来的一种。按名词代名词的七种用法来说的一切句式都是从这七种用法中整理出来的。这企图似可纲纪之曰"词位"。文心雕龙章句篇云"置言有位，位言曰句。" 指单字即今所谓词也。此二番话者盖可视为句之定义。衍之则云一种语族依其表示意思的习惯集若干"词"而使各当其"位"之谓也。故敏句之先明"词位"，唯此所谓"位"者，不尽同于汉文语之 case，字谓之为 position.

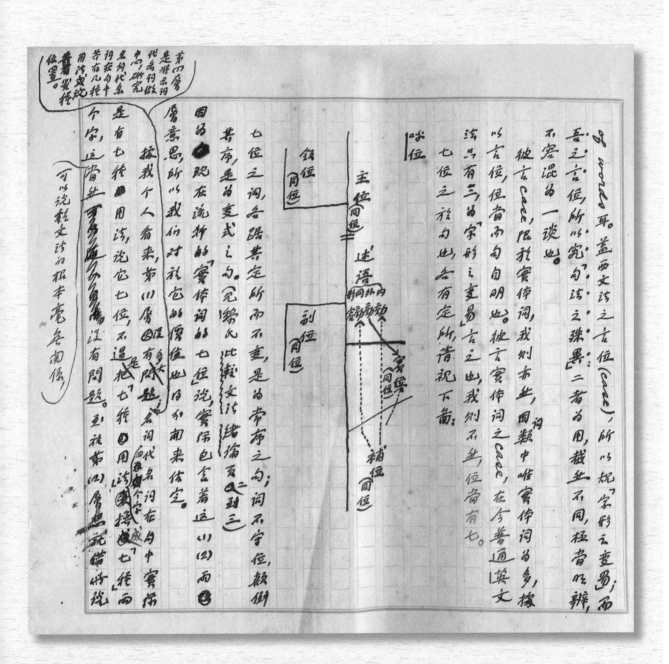

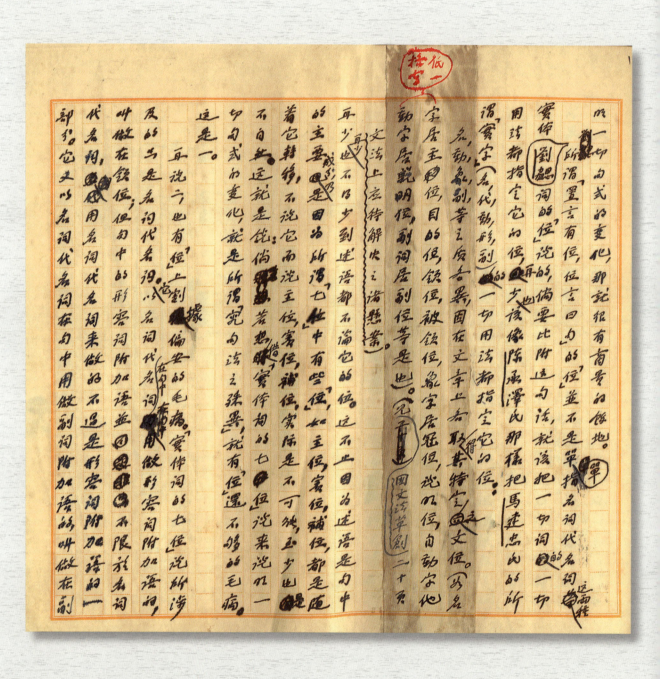

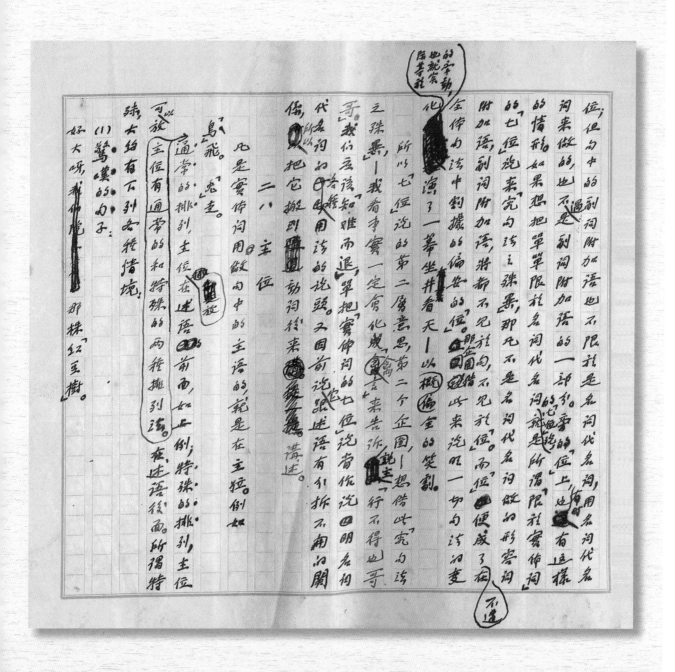

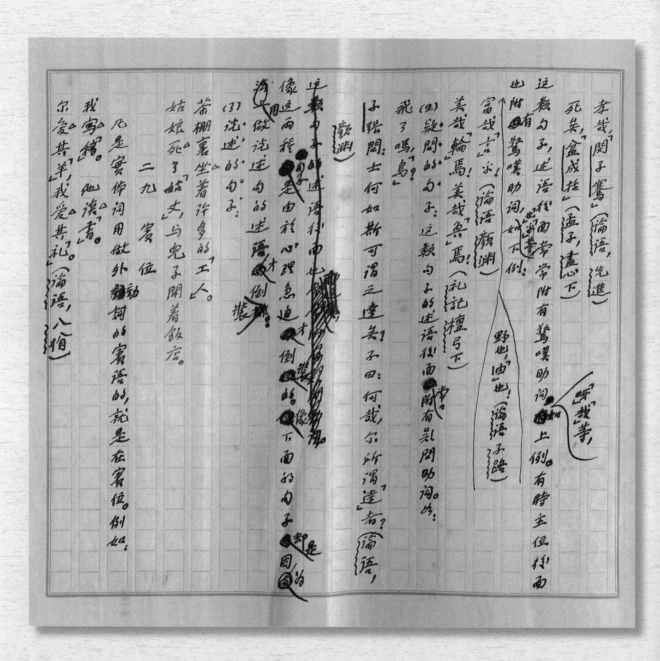

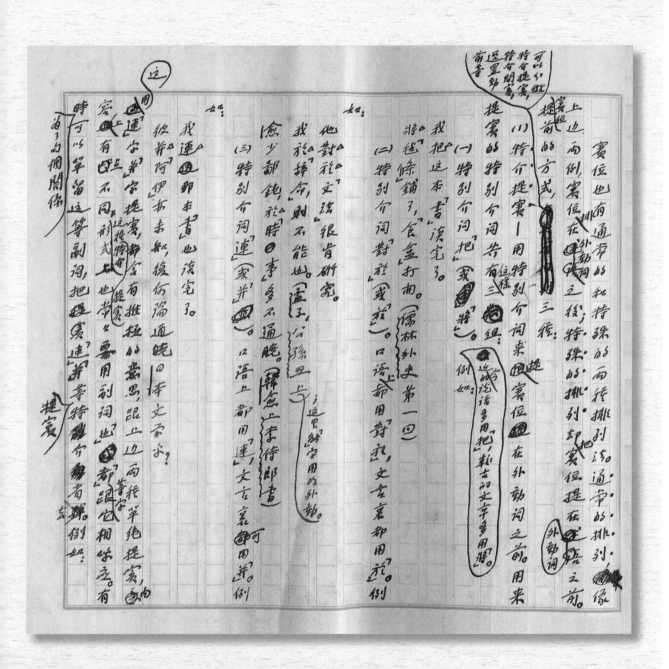

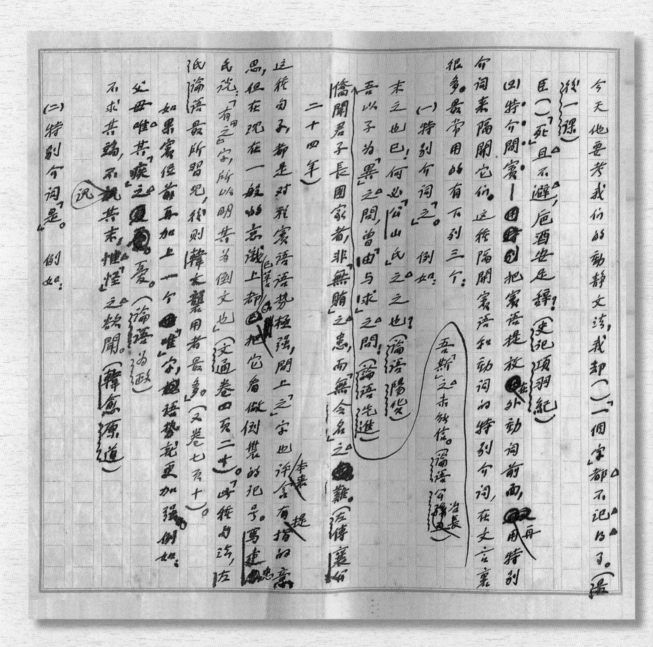

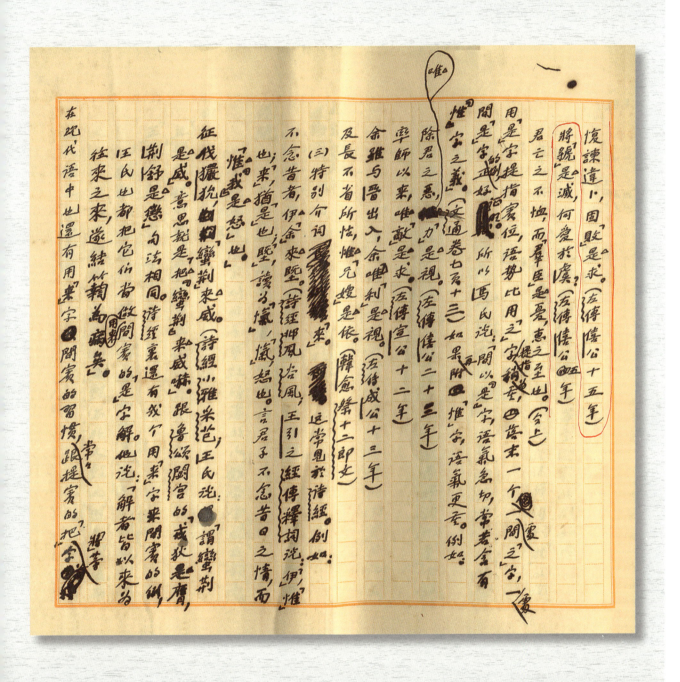

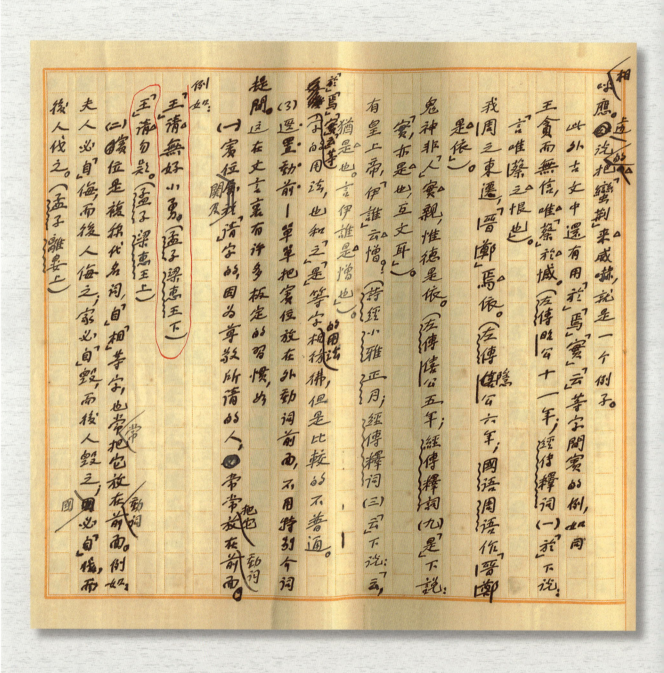

其自"任以天下之重也如此"（孟子·万章下）"出入相友，守望相助，疾病相扶持，则百姓亲睦"（孟子·滕文公上）"至治之极，邻国相望，鸡犬之声相闻"（史记·货殖传）

(三)宾位是代名词做的，如果在否定句中，常常把它放在动词前而倒装，如：

子路有闻，未之能行，唯恐有闻。（论语·公冶长）

居则曰：不吾知也，如或知尔，则何以哉？（论语·先进）

尔无我诈，我无尔虞。（左传·成公二年）

(四)宾位是疑问代名词，在古文中也常放在动词前而倒装，如：

吾谁欺，欺天乎？（论语·子罕）

汝将恶夫何虑何惧？（论语·颜渊）那

(五)宾位是间接代名词，而要放在动词前而倒装，如：

彼人之所引，非引人也。（庄子·天运）

劳者上之所擅，出於口而无穷，粟者民之所种，生於地而不乏。（汉书·食货志）

这些板定习惯，现在大半都已消失，只有(二)(五)两条，现在还是照样保存，现代语里除了第(二)条即"相"字照旧，第(五)条提宾放在动词之前，所字一定跟第(五)条提宾在动词之前之外，其馀都可

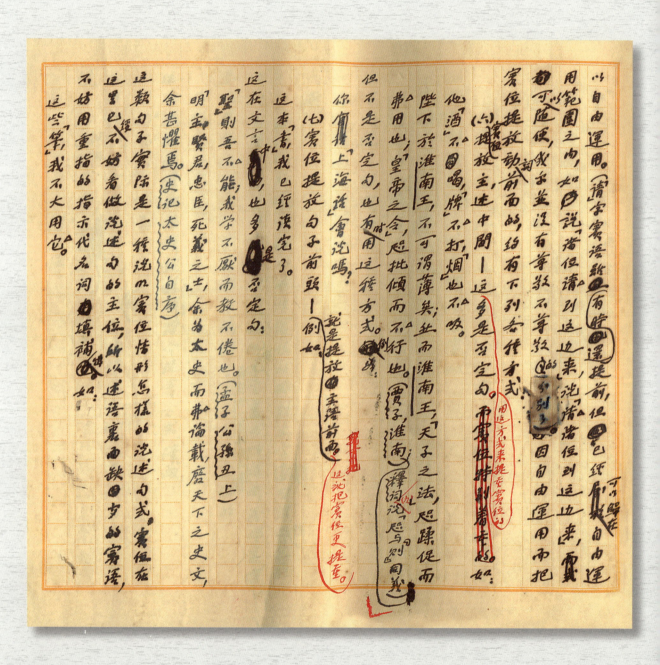

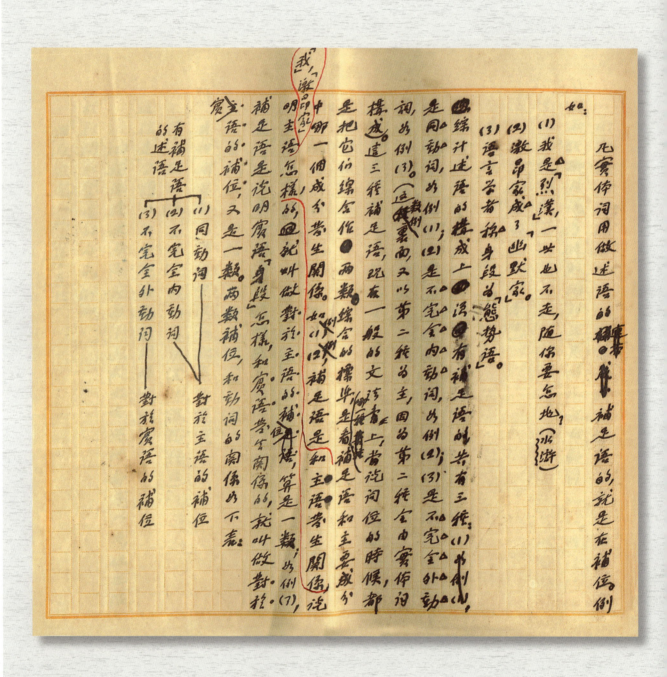

(1) 對於主語的補位——這和賓語相彷彿，也有普通的和特殊的兩種排列法。普通的排列法是補位放在動詞之後，如：

此必是"豫讓"也。（史記刺客傳）
某在斯，某在斯。（論語衛靈公）
物有本末，事有終始。（大學）
眉如翠羽，肌如白雪。（宋玉登徒子賦）
滄海變"桑田"，桑田成"滄海"。

如果要用特殊的排列法，可以將補位提在動詞之前。那提前的方式約有下列兩種：

（甲）補位提放主、述中間——這式只有文言裏面可以用，如：

古之人有行之者，"文王"是也。（孟子梁惠王下）
我"何"有於我哉。（孟子盡心上）
居惡在？"仁"是也；路惡在？"義"是也。（孟子盡心上）
我"何"有焉，洪水可治之，敢來斬其首。
僕北救"趙"，東伐"齊"，"何"功之有。（史記淮陰侯傳）
這隙是"字四"的句子，此外都是問話句子。
某"漢回元帝"是也。（漢宮秋戲劇）

（乙）補位提放句子前面——這式文言語體都可以用。但也限於發問和驚嘆的句子。例如：

誰與？哭者？（禮記檀弓上）

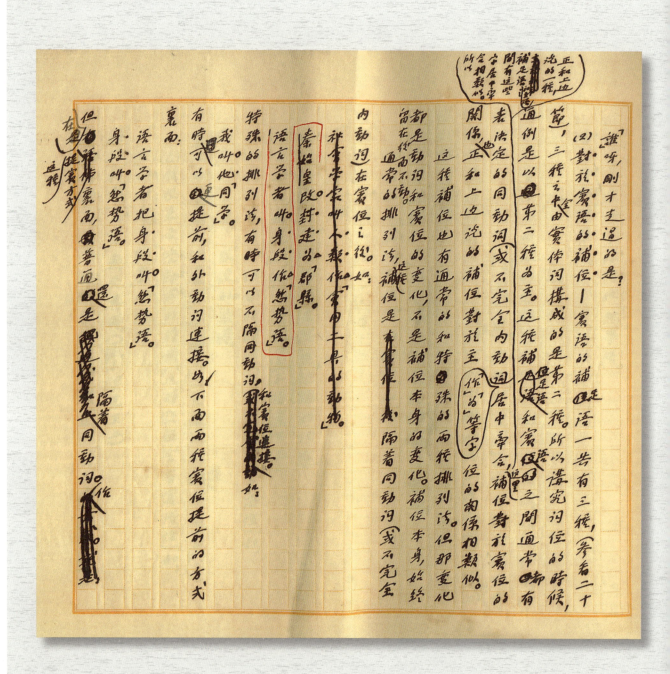

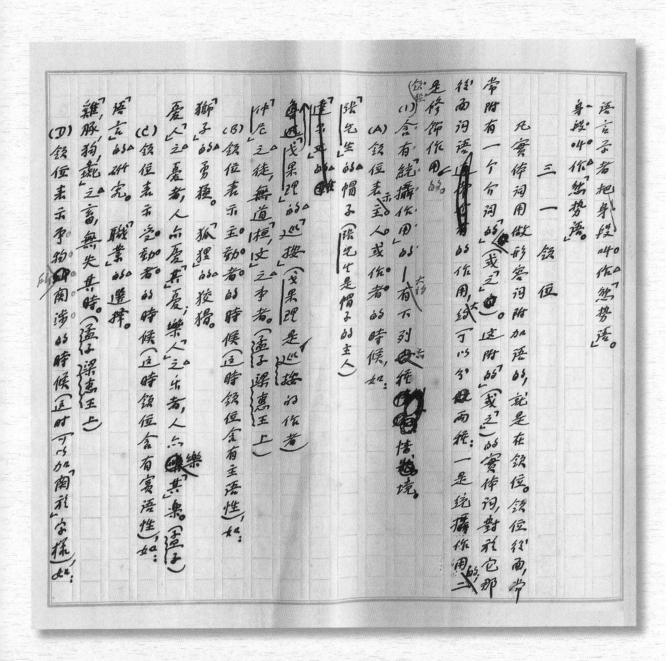

物理，化学是自然的科学。

筑城郭宫室宗庙祭曰礼之礼。（孟子告子下）

（E）铃位表示"时"，"地"的时候（这时前面大概方以加"在"一类字，在西洋就

可以加中一类字）如：

良车的西林公园。

居天下之广居，立天下之正位，行天下之大道（孟子滕文公下）

叔孙通国：知当时之务。（汉记叔孙通传）

（F）铃位表示大名的时候，如：

一天的早上

恻隐之心，仁之端也；盖恶之心，义之端也；辞让之心，礼之端也，
是非之心，智之端也。（孟子公孙丑上）

（2）铃位舍有修饰作用的 大约有下列四种情境。

（A）铃位表示资料的时候，如：

玻璃的窗户。

虽有轩冕之赏弗能劝，答钺之威弗能禁。（庄子胠箧）

（B）铃位表示字性舍的时候，如：

他的生活是平民的生活。

（C）铃位表示所领是的时候，如：

夫千乘之玉，万家之侯，百室之君，尚犹患贫，而况"匹夫"编户之

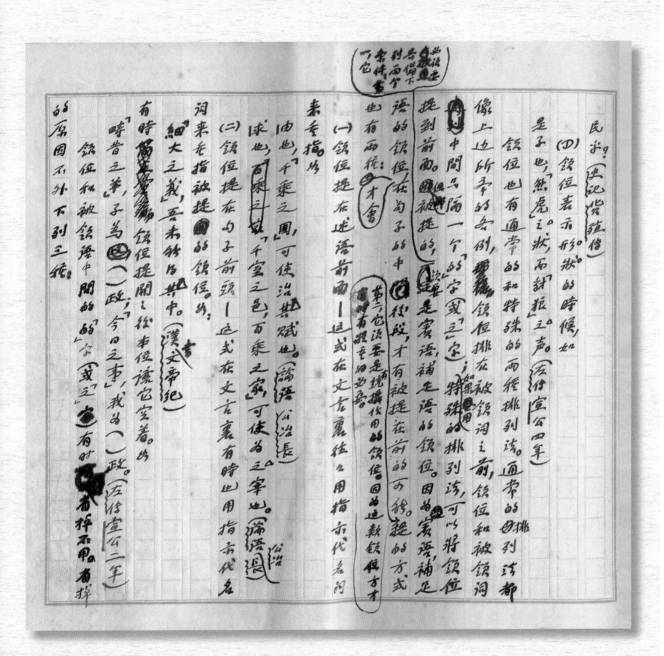

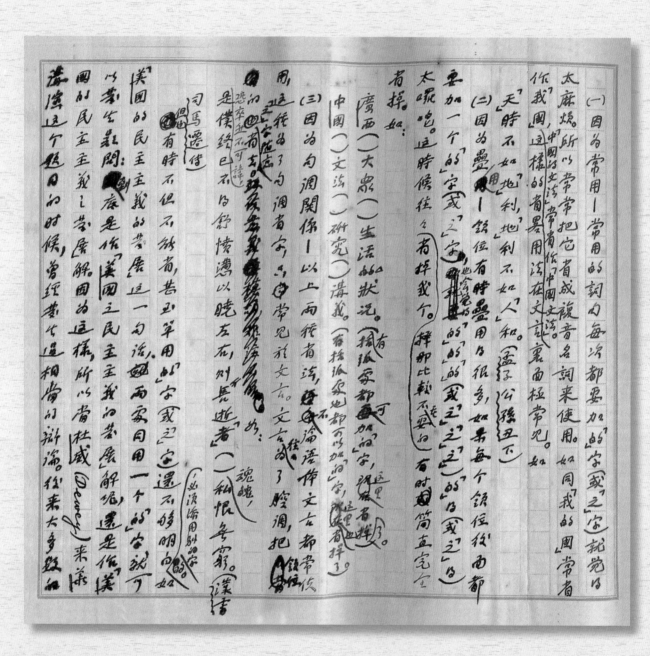

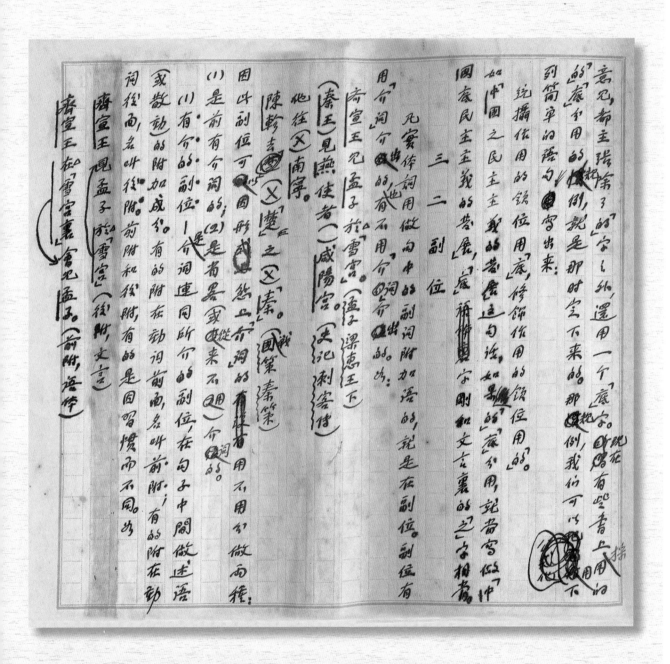

有的是意义而不同。

一只鸟在"电杆上"飞。(前附,正在飞)
一只鸟飞在"电杆上"。(後附,已不飞)

有的副位,他有通常的和特殊的排列诸。
把副位放在副位前面的那样命词放的方式,约分为两种:(一)副位放在命词前面。(二)副位直在句子前面。

(一)副位就在命词前面——
把副位提前的方式,在武文言里用。而且文言里面也有。(叶空特殊的命词前命位的副位把副位做副位的时候,可以用这种提前的方式就说有的。

材料来说,约有下列几段:

(A)副位是名词,命词是"以"或"用"字的时候,这在文言里带(的意思)

用这方式也。

其有不合者仰而思之,夜以继曰。(孟子离娄下)是曰"以夜继曰""以待之,事就大,必济"(左传成公九年)

(B)副位是名词,命词是"於"等字的时候。这就比上一种更不善

通,曰在左文中也是一种反带的句法。

"管子"对曰:以鲁为主,反其侵地棠潜,俠海有严,於渠弹有潘,
"环山"於有宰。(国语齐语)是於旅海有严,於渠弹有潘,於环。

桓公曰:吾欲南伐何主?

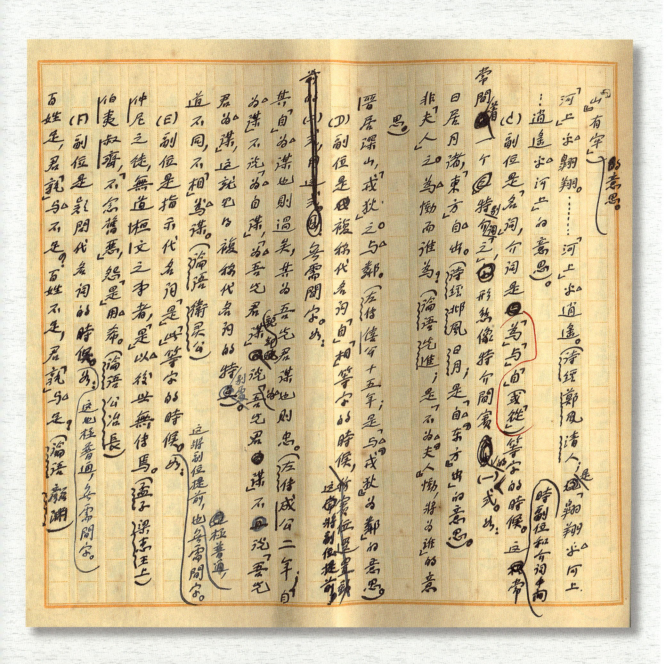

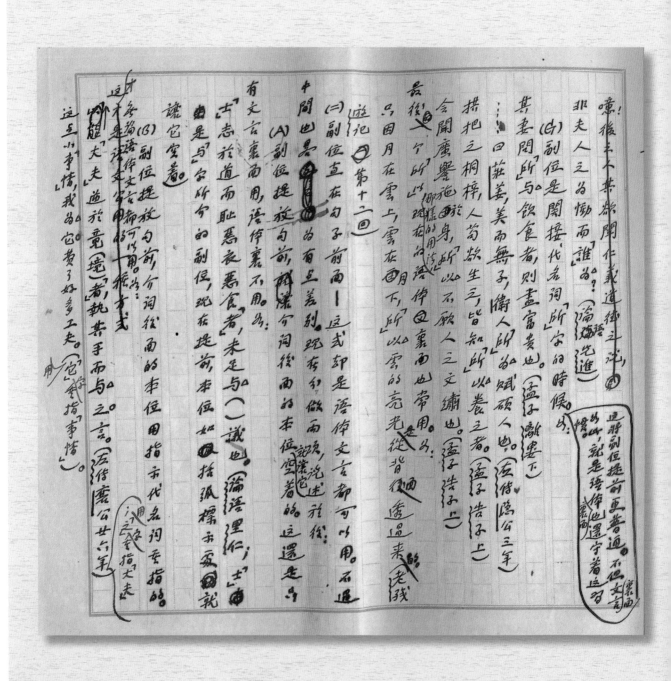

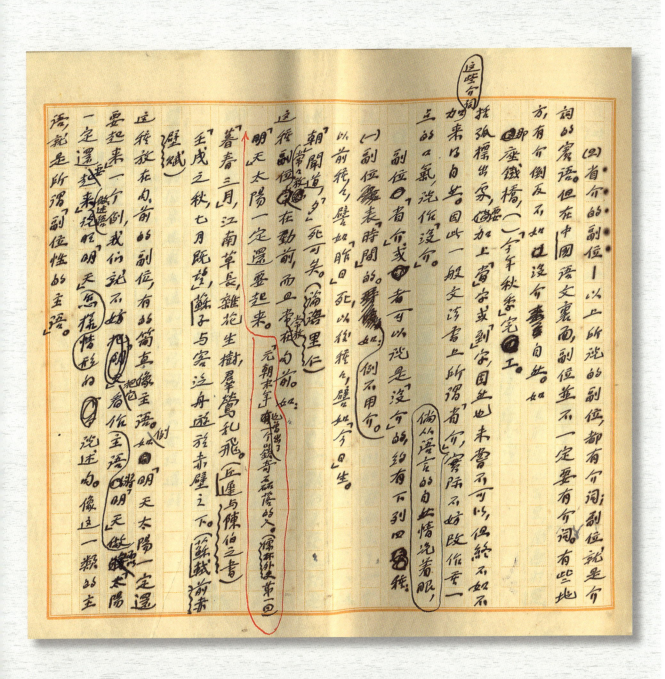

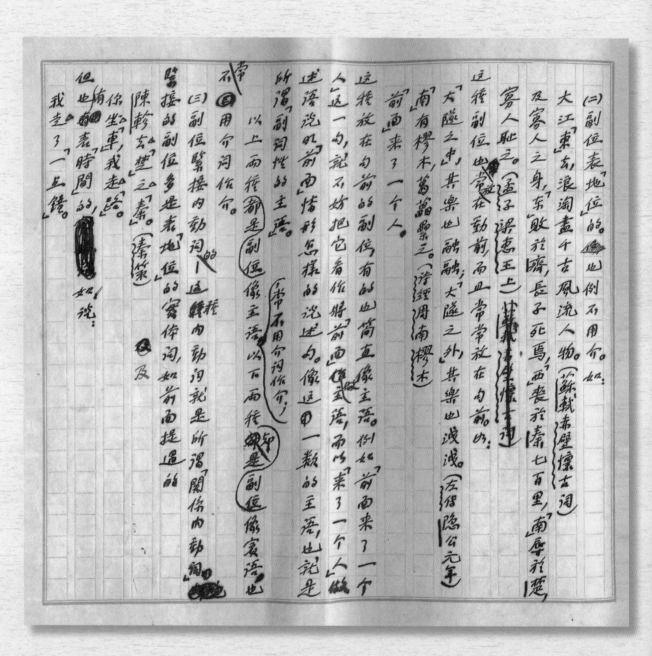

(二)副位表地位的，也倒不用介。如：

大江"东"去，浪淘尽千古风流人物。(苏轼赤壁怀古词)

及寡人之身，东"败于齐，长子死焉，西"丧于秦七百里，南"辱于楚，寡人耻之。(孟子梁惠王上)

这样副位也常放在勤前而也常常放在句前的：

"大隧"之中，其乐也融融，大隧"之外，其乐也洩洩。(左传隐公元年)

"南有樛木，葛藟累之。(诗经周南樛木)

"前"画来了一个人。

这样放在句前的副位有的也简直像主语，倒如"前面来了一个人"这一句，就不妨把它看作前画（做武语，而以"来了一个人"做述语说明前面情形怎样的说述句，像这一类的主语也就是所谓"副词性的主语"。

以上两种都是"副位"像主语以下两种卻是副位像宾语也

(三)副位繫接的动词如"迴"就是所谓"关系的动词"。

繫接的副位多是素地位的宾体词，如前面提过的

陈毅玄楚之素。(秦策) 及

你生车我走路。

但也有回素时间的。如说：

我走了一上午。

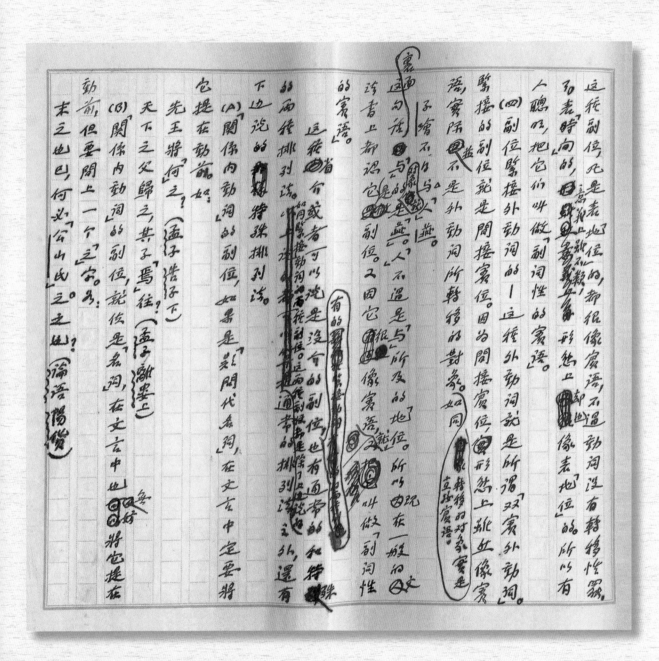

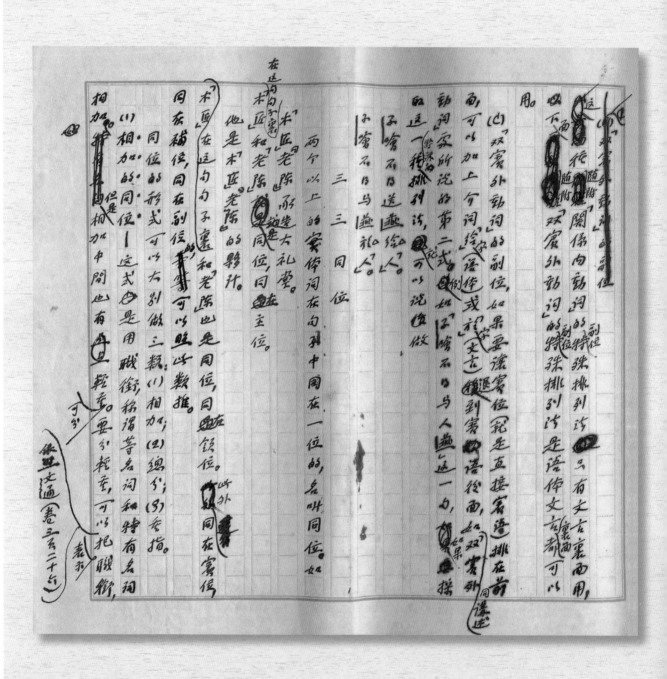

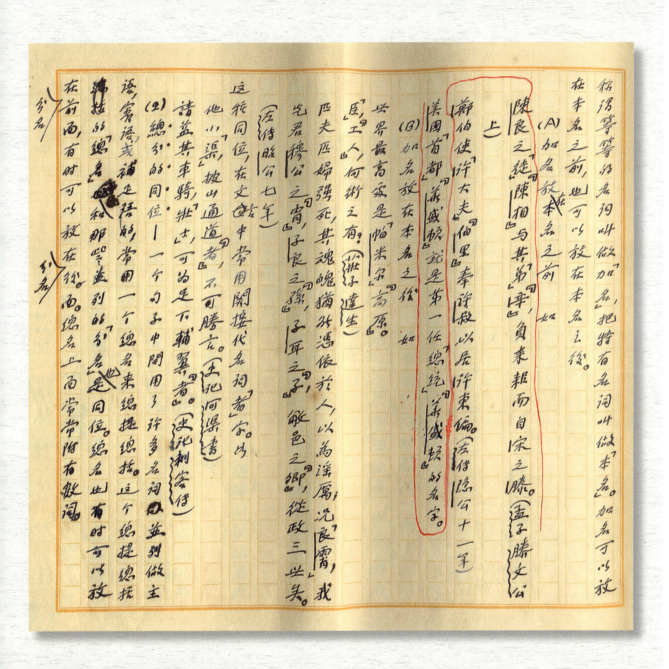

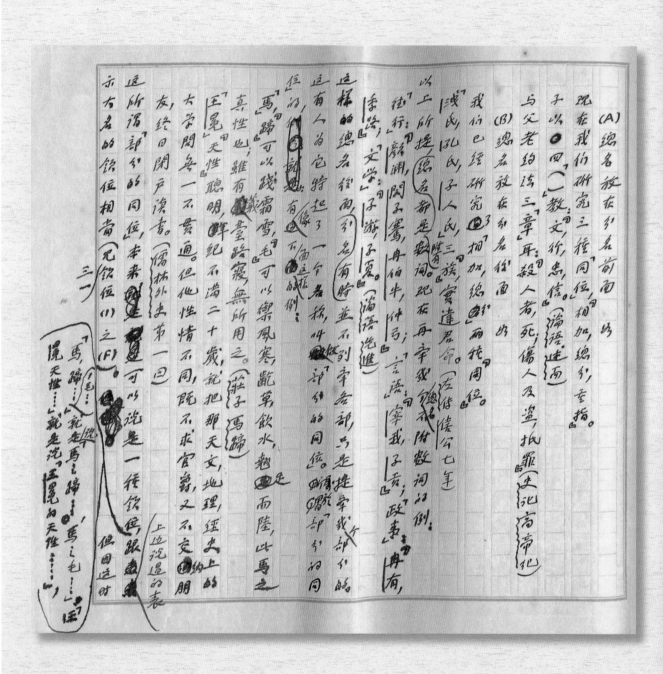

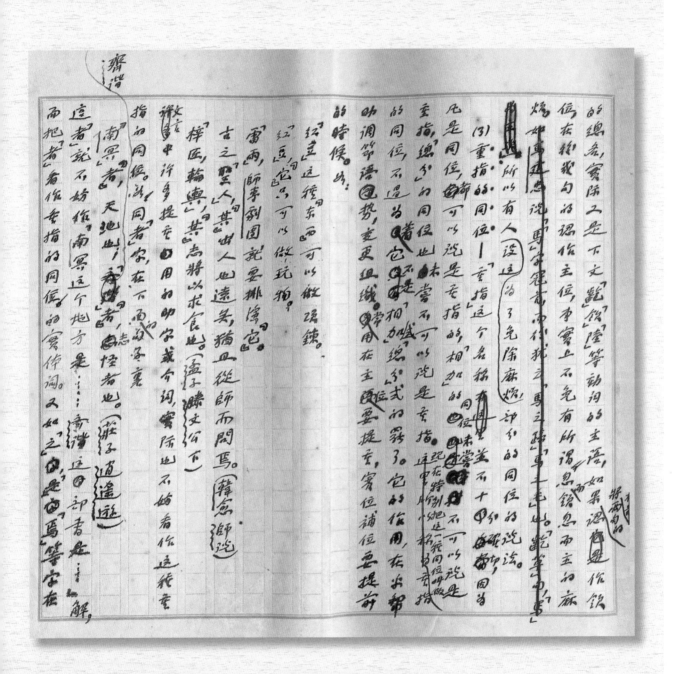

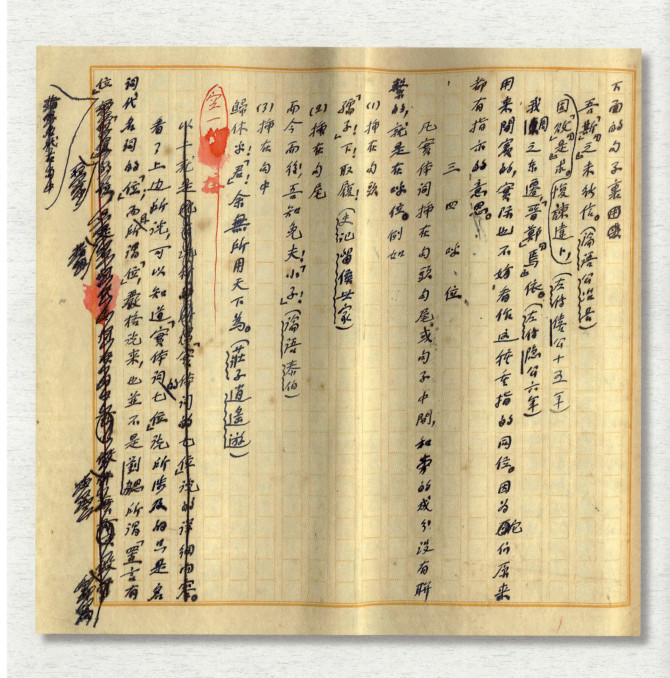

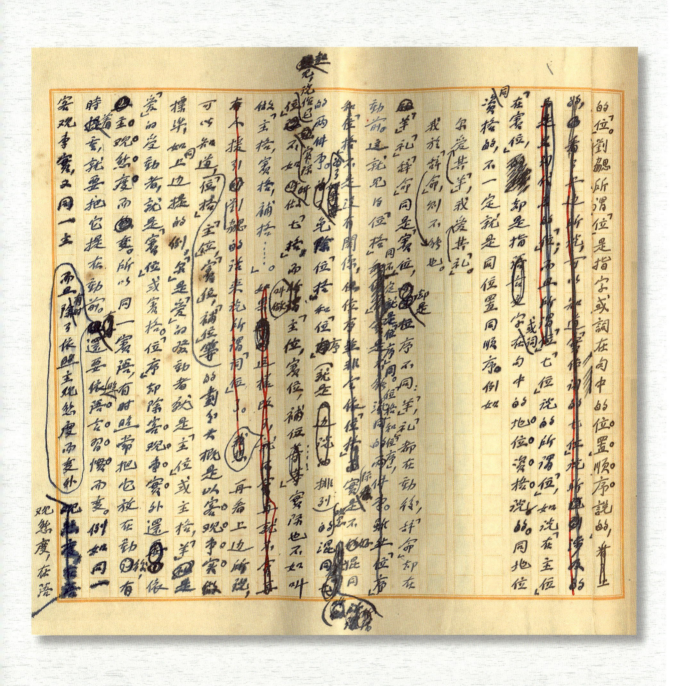

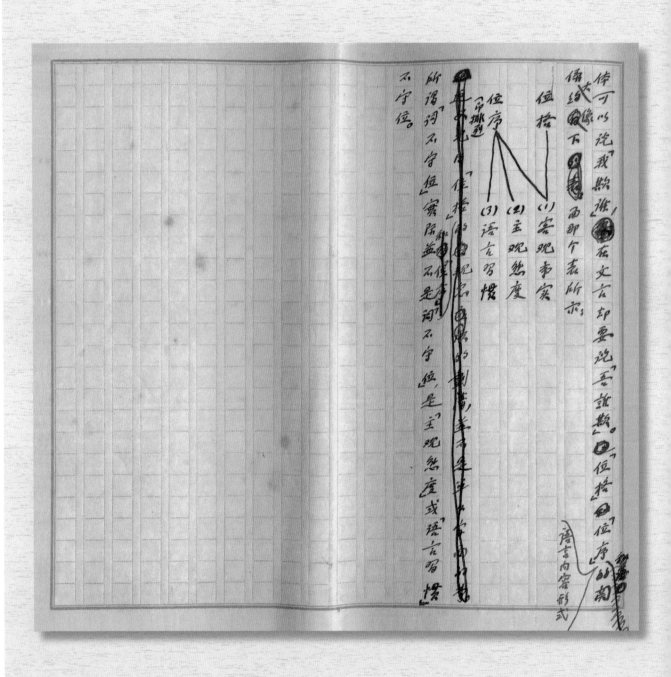

你可以说"我熟谙"在文言却要说"吾谙熟"。"位搭"和"位序"的向

倚约像下面那个表所示：

位搭
（1）客观事实
（2）主观态度
（3）语言习惯

位序
（即搬到）

所谓"词不字位"实际盖不是词不字位，是主观态度或"语言习惯"

不字位。

语言内容形式

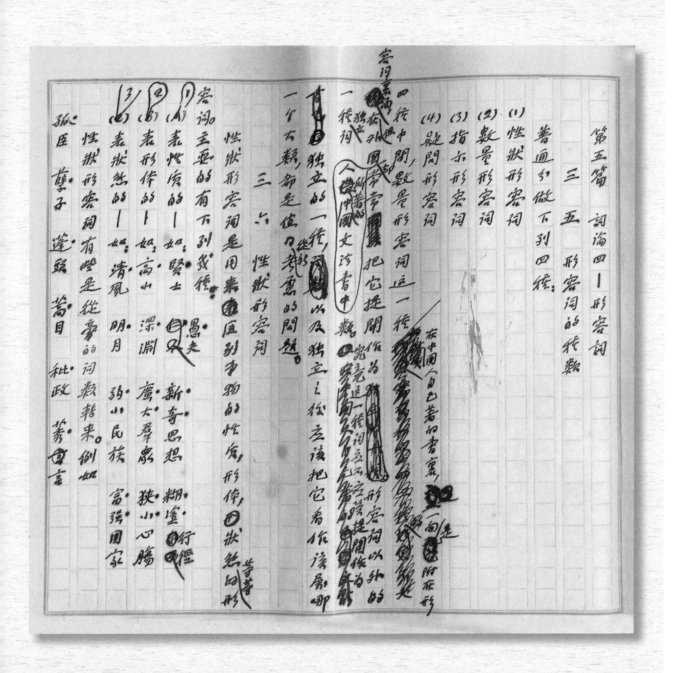

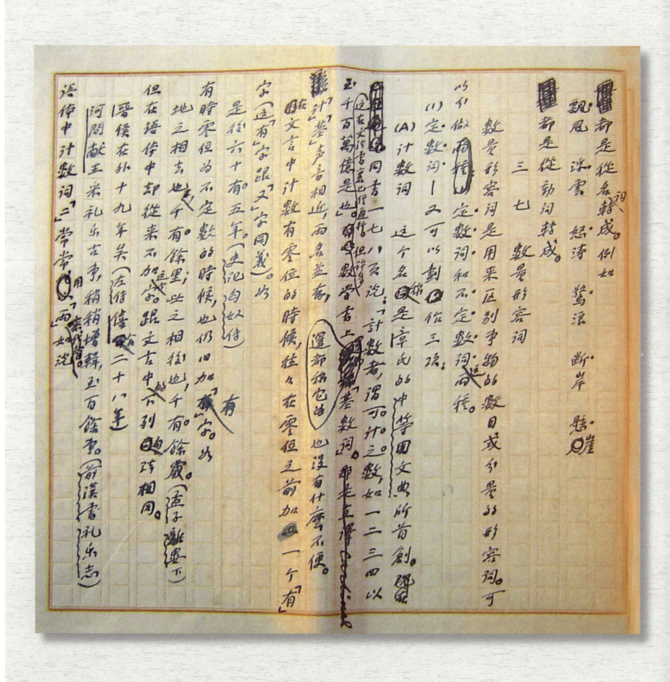

学术研究文稿

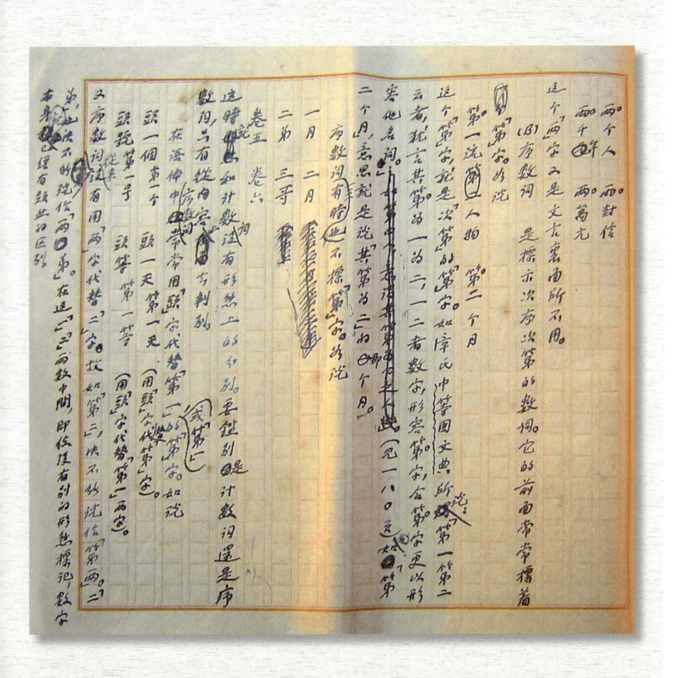

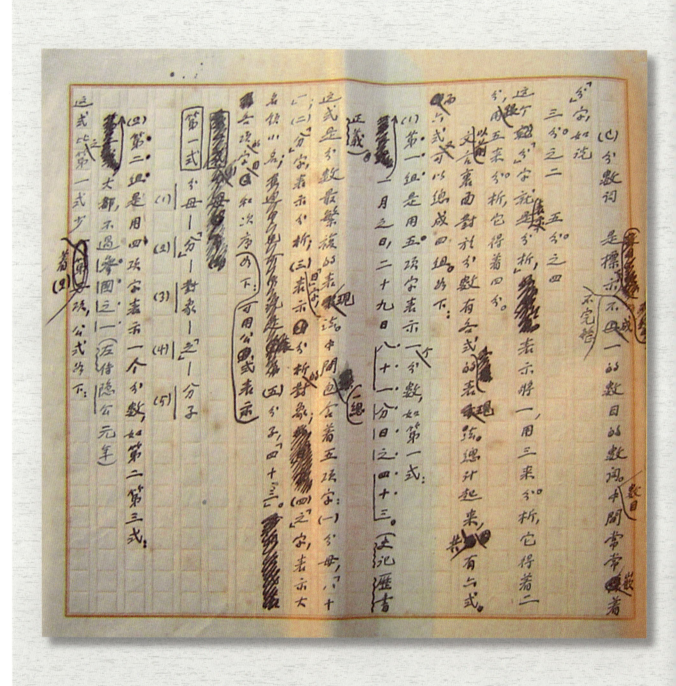

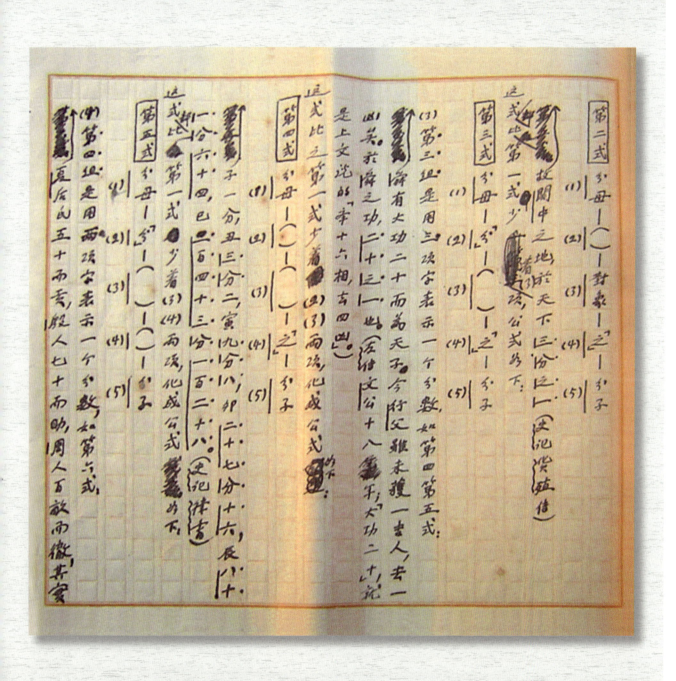

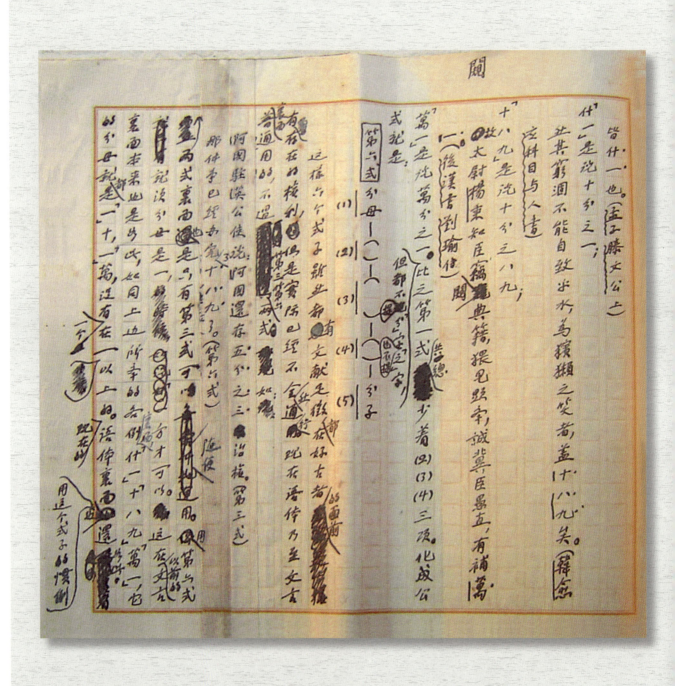

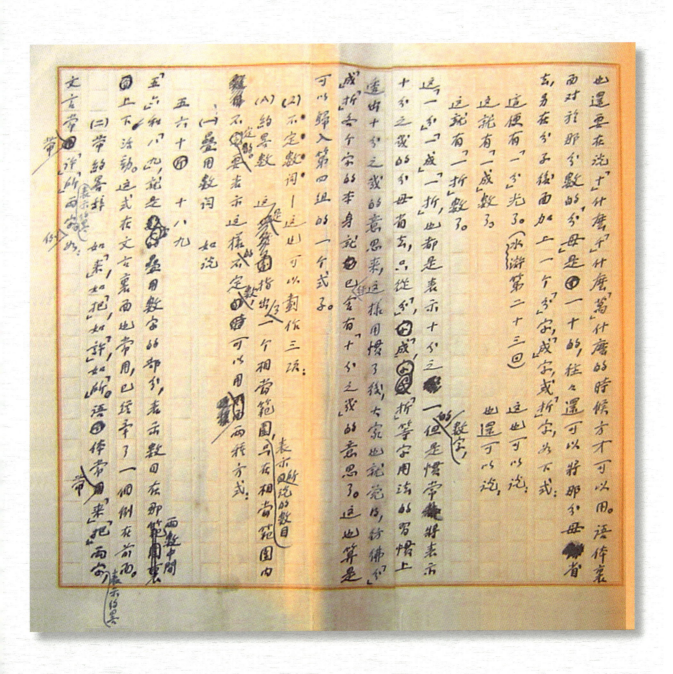

便向身边摸出五两来银子，放在桌上。（水浒第七回）

金圣叹注说："五两来者，约畧之辞也。"

十丈来高，柏柴堆寺十丈长斗来大的东西反缚死足把长指头大的东西手里。

（拍案惊奇 卷三，刘东山夸技顺城门）

追行裴服推财相谨者二百四许人。（后汉书 何敞传）

李贤注说："东观记曰：高谭等百八十五人推财相谨，所以二百许人就是二百来人。"

合庆已死十年所。（史记 滑稽倉公传）

"十年所"就是"十年许"，也就是"十年光景"，像运来把"许""所"都是数目字，那定淮许之外另附上去的墨点此外也有新作代数的语体裹带用"数"字，文言裹常用"数"字有时也用数字表示的是约畧的语体

士隐夫婦见女屯一夜不归，便知有些不好，再使数个人去找。（红楼梦第一回）

影响全无。堂高数仍，榱题数尺，我得志弗为也。食前方丈，侍妾数百人，我得志，弗为也。（孟子 尽心下）

并其儒傑指世陈政言成文章，質三光鉴而不繆，施之当世合时务若此者亦云"数人"。（读书梅福传）

所以我们可以说，数字是文言独專用的，约畧数字，数字是语体

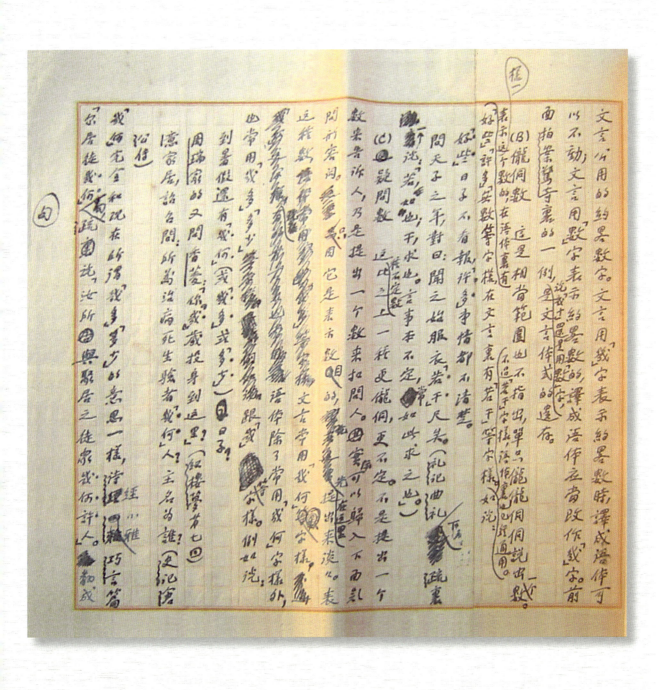

现代话说是"多少光景人"。

以上所说古代数词，我们可以从分为二说，把它们分成两类：那就是着数词是不是跟特定的事物关联。着数词不跟特定的事物关联的，如"一二三四五"等，都叫做抽象数（Abstract Number），普通的数学上都译作"不名数"。着数词跟特定的事物关联的，如"两个人"两件事"等，都叫做"具体数"（Concrete Number），这在普通的数学上都译作"名数"。一切数的本身都是不名数，必须表从事物的若干倍的这个倍数连着定举一起说，才成为名数。所以名数普通都是连着定举和名词一齐说，都有相当范围内一定的适应关像如告你定举和名词都换说"一条线"一管笔"等。

子等我们讲名词的时候已经说过，大概此外不必再复说了。

只有我个定举讲用在述语裏面时，有时是特殊意味的，应该在这里提一提，一个是"个"字，个字普通用该是添加的东西，换说"一条线"一管笔"一个老师"的老师"上面，所添加的老师词是代的事物都是有但是"个"字用在述语裏面时，个字所添加的却不定，可数点，而且还不一定是名词倒如：

丫环在门内看时，只见军牢快手一对一对过去，俄而大轿内抬着一个乌帽猩袍的官府来了，那丫环倒发了个怔。（《红楼梦》第一回）

凤姐家的莊了：……便笑说："老老，你放心，大远的诚心诚意来了，岂有个不叫你见个真佛去的呢！（《红楼梦》第六回）

在家喂的鸡了，连忙起身催着刘老老："快走，这一下来就只咹跨了一世的饭了。（全上）

贾母又笑道："我纔躲的他凤哥儿说，你带了好些瓜儿菜儿来，叫他快收拾去了我正想个地菜儿现结的瓜儿菜儿咹外头买的不像你地里的好哇。"刘老老笑道："这是野意儿，不过尝个新

妳像我们倒想鱼肉吃，只是吃不起。（《红楼梦》第三十九回）

这些个"家"都不像平常素个"倒"的定华词，第二用来指示、伏色，而的词儿添加些别具体的意味。

还有一个"些"字（或"这"）用在这语里面时，有时也怪，说法络倒如：

鲍延輦坐着說這閒話。（全上）

你这里有些竹廃策。（全上）

你拿些水嗆了，搞下来。（《儒林外史》）

这些个"些"也仿佛是有把它当作而的词儿的涵义。发化具体化

这些"字"地上仿佛与有的作用。在是词他们一旦"上就些红唇的定华词的作用。在界候他们一五一上就些红唇的定华词有相通之家，但都不像事词定华词

旁的地方的用家

儜儜跟我而的词儿有相看着一定的关连關

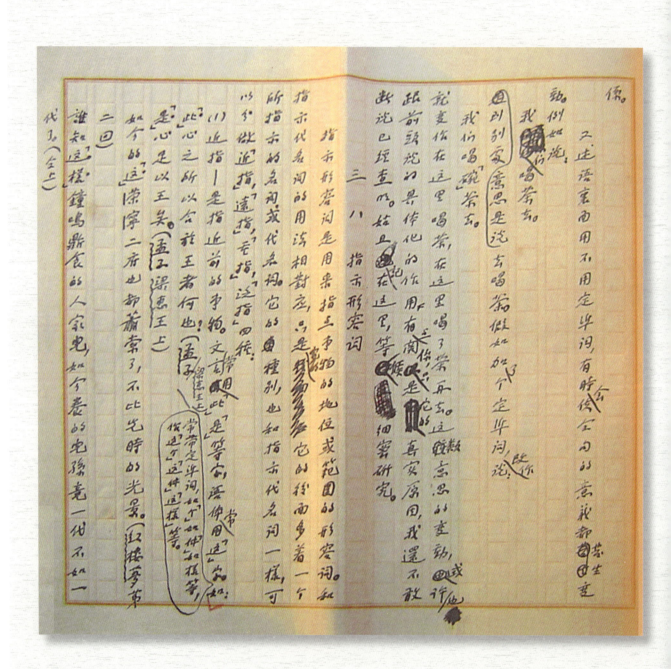

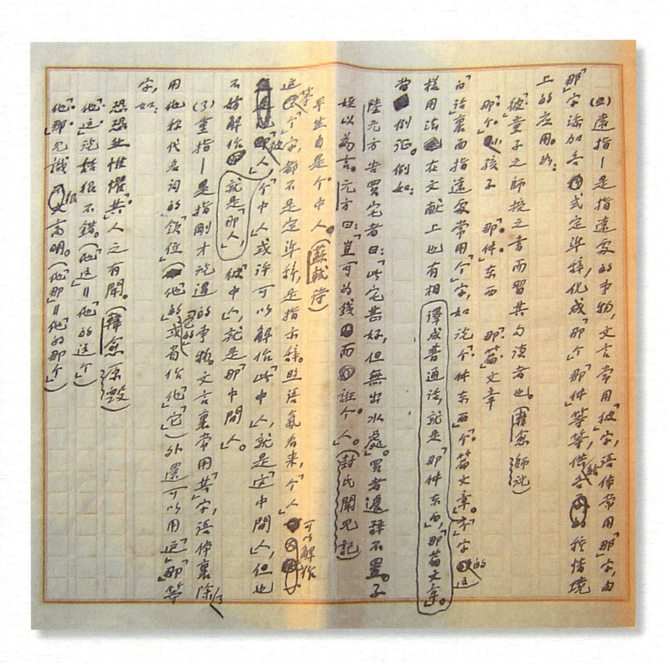

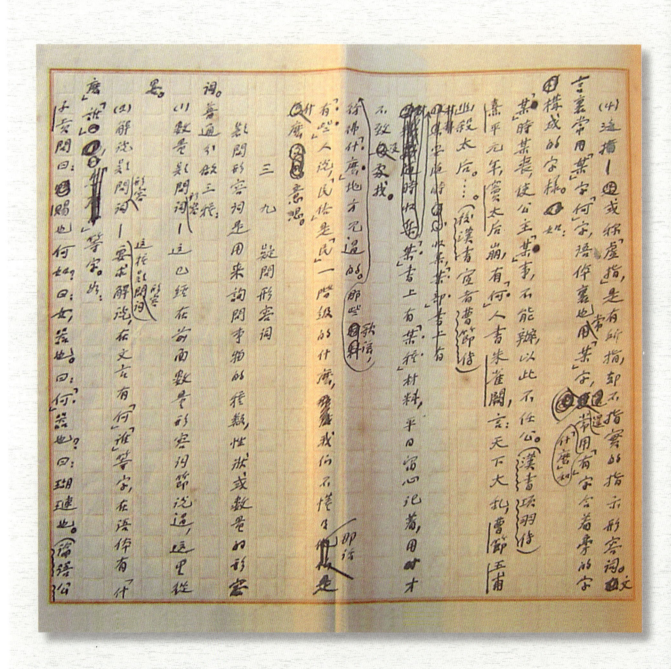

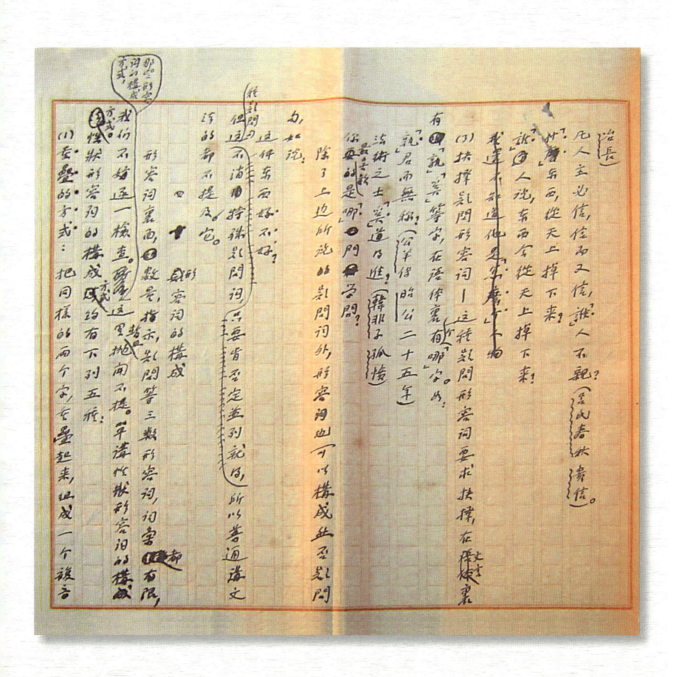

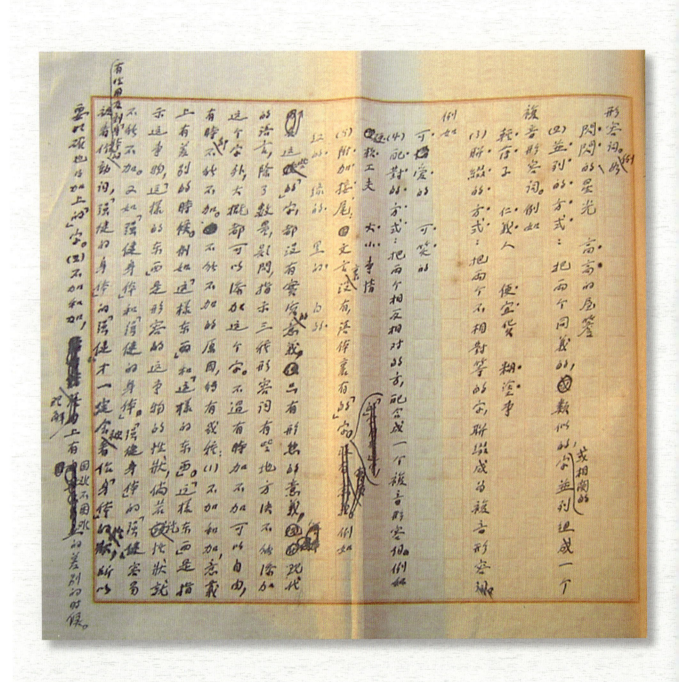

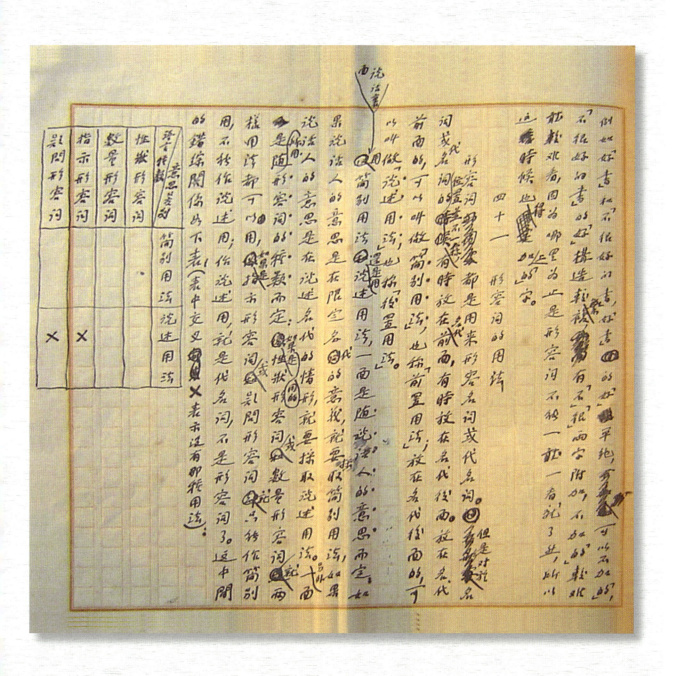

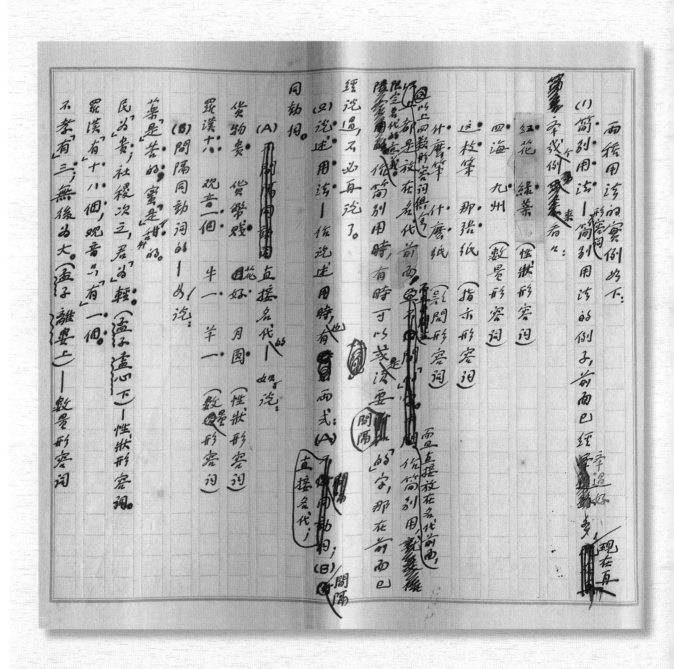

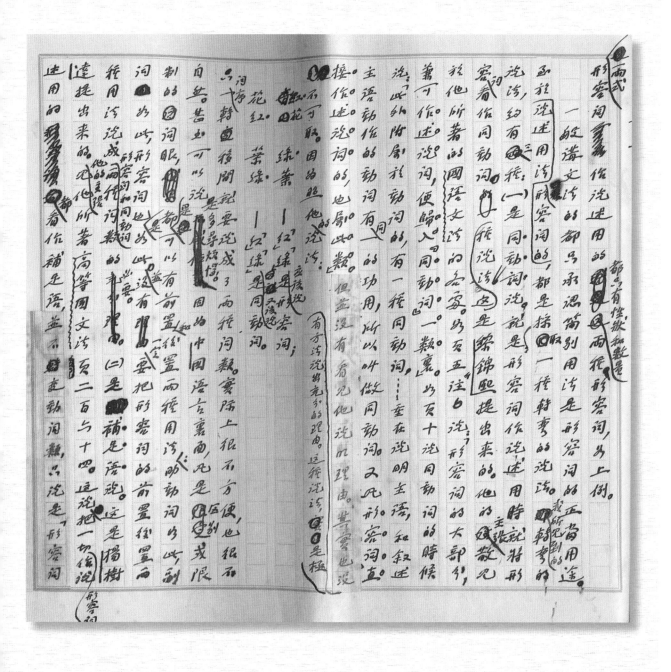

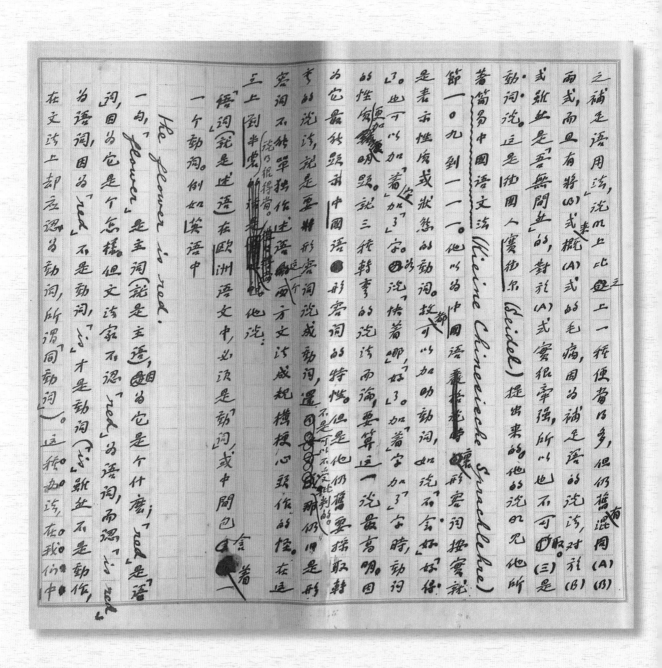

国语文中是说不过去的。因为在口语中，我们只能说：

花红。

不能说：

花是红。

或：

花是红的。

即倘勉强的说"花是红"或"花是红的"的意义（至少是语气）也决不同，"花红"一样，在文言中，更无从在"花"与"红"之间嵌进一个相当于"是"的字（"红"写作"烘"等）。又如戏曲或俗曲中常有的"日一

出得门来，但见桃红柳绿……"

倘若要硬依了外国文法，改为：

"出得门来，但见桃是红，柳是绿……"

那就连极不懂文义的贩夫走卒也要笑你的。

所以中国语文中的"语词"，不必是动词，也不必包含动词。

这话中间所谓"花是红"或"花红"的不同，即此也可见和我所主张的"记述"的区分的不同，我所谓"记述"的和"叙述"的区分的需要，揭的错误和旁的硬依外国文法的"记述"的错误，可说原因都在不留心这两式的话的区别不明

囲文法讲话页二十六到二十八。

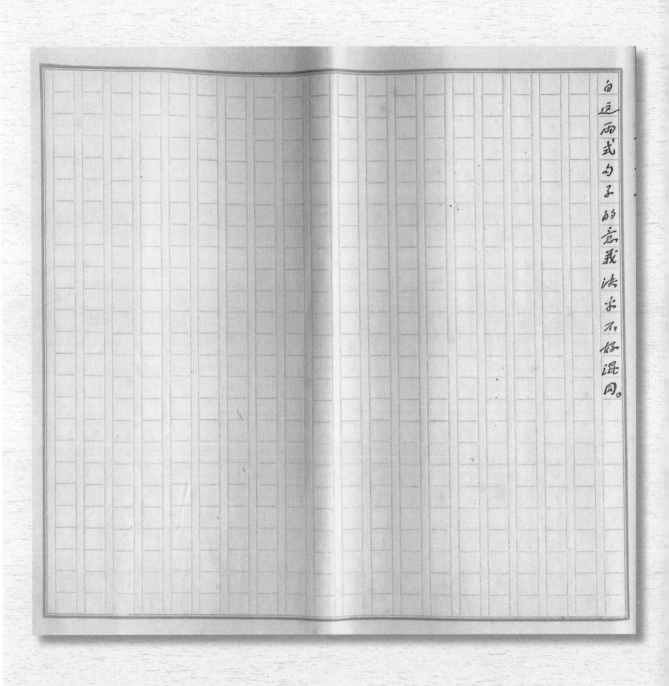

白话两式句子的意义决来不好混同。

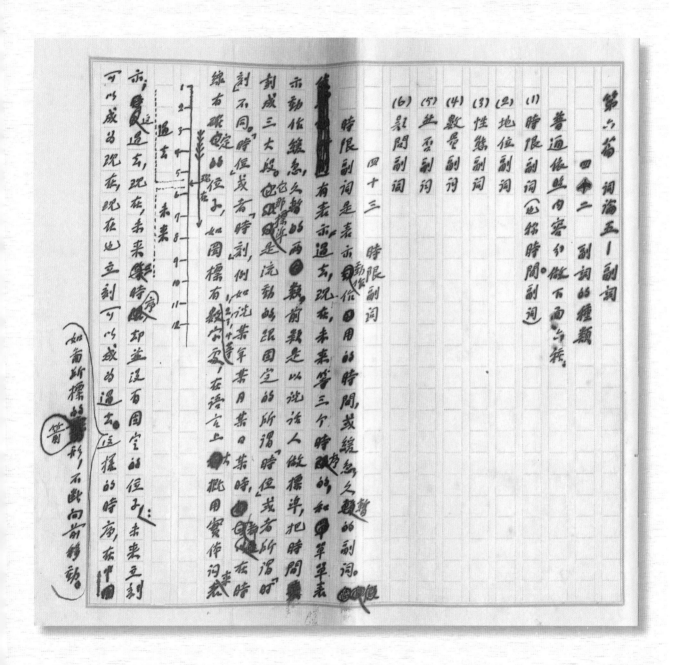

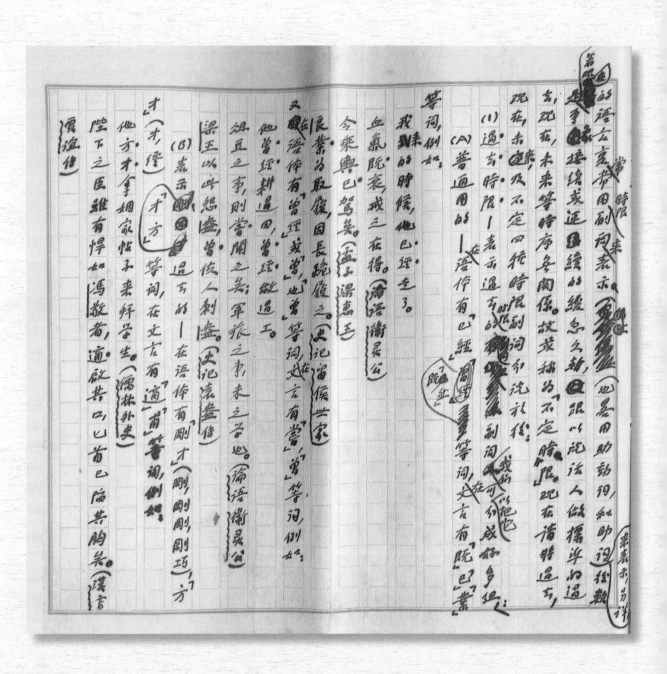

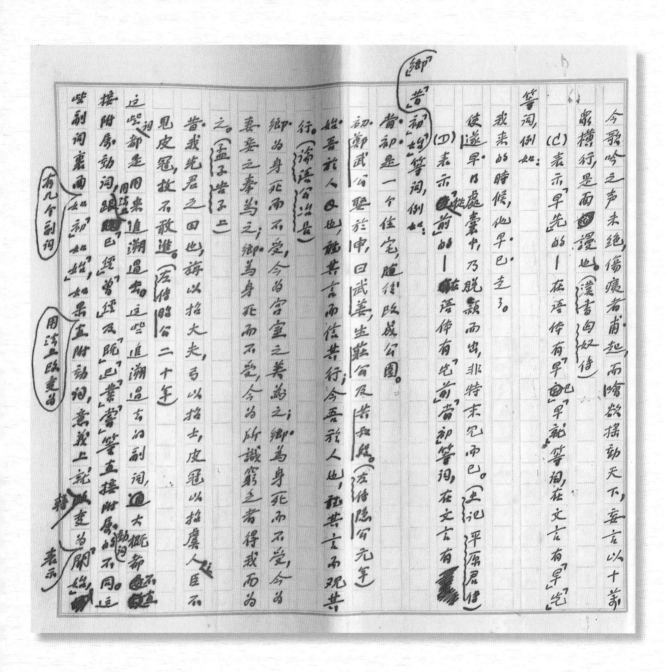

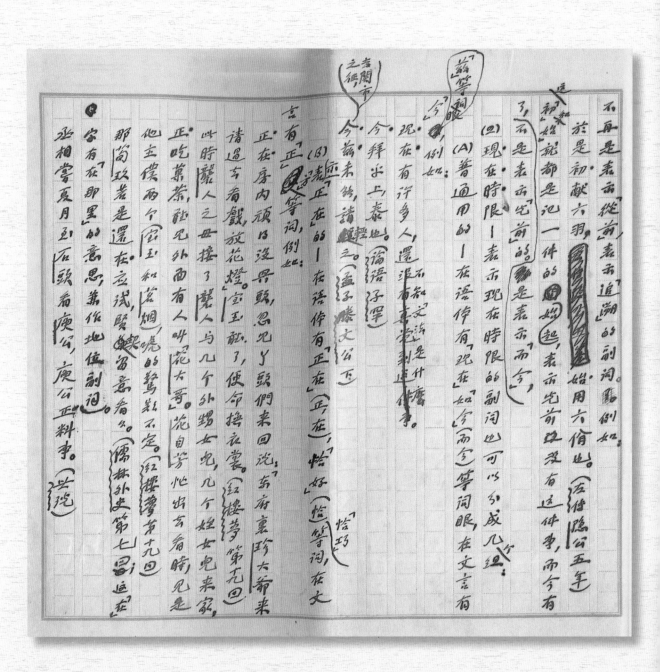

赵方西虐秦,南虐楚,其力不能兼我。(史记陈涉世家)

(3)未来时限——表示未来时限的副词,也可以和成"好戏组"将要"行"等词头,例如:

（A）普通用的——在"要"停有"将要"等词跟,在文言有"将且行"等词头,例如:

临个学期将要(快要)完了。

其为人也,发愤忘食,乐以忘忧,不知老之将至云尔。(论语·述而)

范增谓项庄曰:若入,前为寿,寿毕,请以剑舞,击沛公于坐,杀之,不者,若属皆且为所虏。(史记项羽纪)

岁月易得,别来行复四年。(魏文帝与吴质书)李善注说:行,犹且也。

(B)表示"此后"的——在语体有"从此"从此以后"等词跟,在文言有"嗣"等词,例如:

从此家里穷日要一日。

这句里的"从此"而个字,在文言中"嗣"可以顶"从此"两个字的底。

(C)表示"遂竟"终归"的——在语体有"终归"终究"等词跟,在文言有"终""卒"等词,例如:

齐公子元不顺懿公之为政也,终不曰公,曰夫己氏。(左传文公十四年)

营子之徒,仲尼独荐颜渊为好学。然回也屡空,糟糠不厌,而

(4)不定时限——也可以分成稍备一组：过去，现在，未来三个时限中都可以通用。

(A)表示急速的——在语体有"立刻""即刻""随即""忽"等然等词，在文言有"立即""随即""忽"等然

随即每桌摆上八九碗。(儒林外史)

故我有善则立誊我，我有过，则立毁我。(管子小称)注"立，就速也"。

蒲城之役，君命一宿，女即至。(左传僖公二十四年)

晋侯之竖头须，藏者也，其出也，窃藏以逃，尽用以求纳之。及入求见，公辞焉以沐。谓仆人曰：沐则心覆，心覆则图反，宜吾不得见也。居者为社稷之守，行者为羁绁之仆，其亦可也，何必罪居者？国君而仇匹夫，惧者甚众矣。仆人以告，公遽见之。(左传僖公二十四年)

后人来至蛇所，有一老妪夜哭，人问：何哭？妪曰：人杀吾子，故哭之。妪曰：姬子何为见杀？妪曰：吾子，白帝子也，化为蛇，当道，今为赤帝子斩之，故哭。人乃以妪当不诚，欲苦之，姬固忽不见。(汉书高帝纪)

(B)表示"素常"的——在语体有"常常"(常)"时常"(时时)"恒"始终"永远"等词，在文言有"素""常""雅""恒"等词，例如

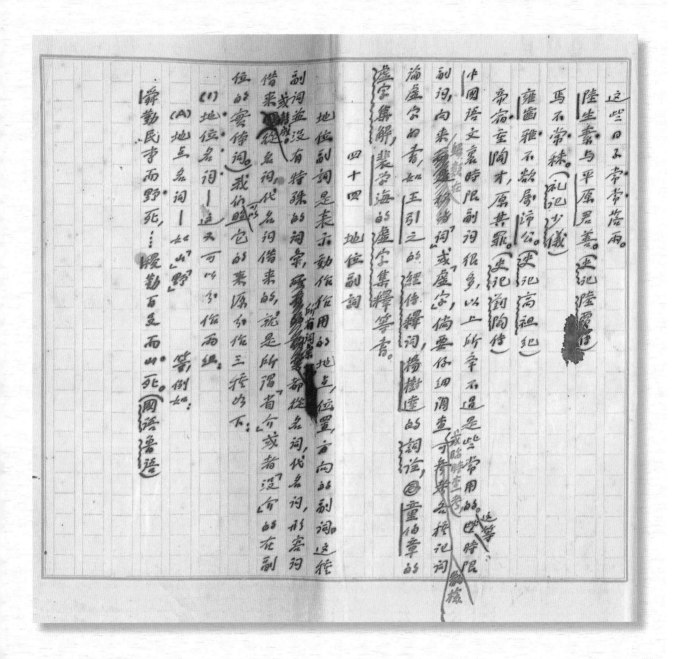

这些日子常常落雨。

陆生素与平原君善。(《史记·陆贾传》)

马不常秣。(《礼记·少仪》)

雍齿雅不欲属沛公。(《史记·高祖纪》)

帝宿室陶才，原其罪。(《史记·润阴传》)

中国语文裹时限副词很多，以上所举不过是些常用的。这等时限副词，向来有些词书略略考订，或略咏一考，或夹杂在释记词或虚字偏旁要仔细调查，如王引之的《经传释词》、杨树达的《词诠》、童伯章的《虚字集解》、裴学海的《虚字集释》等书。

四十四　地位副词

地位副词是表示动作所用的地点、位置、方向的副词。这种副词并没有特殊的词汇，所省副词综都是从名词代名词、形容词借来的。就是所谓省分或者逗分的在副位的零偶词。我们晓得它的来源，可作三种如下：

(1) 地位名词——这天可以引伸而组成名词或借来就成名词代名词的副词。譬如：

(A) 地位名词——如"山""野"

舜勤民事而野死……暖勤百姓而山死。(《国语·鲁语》)

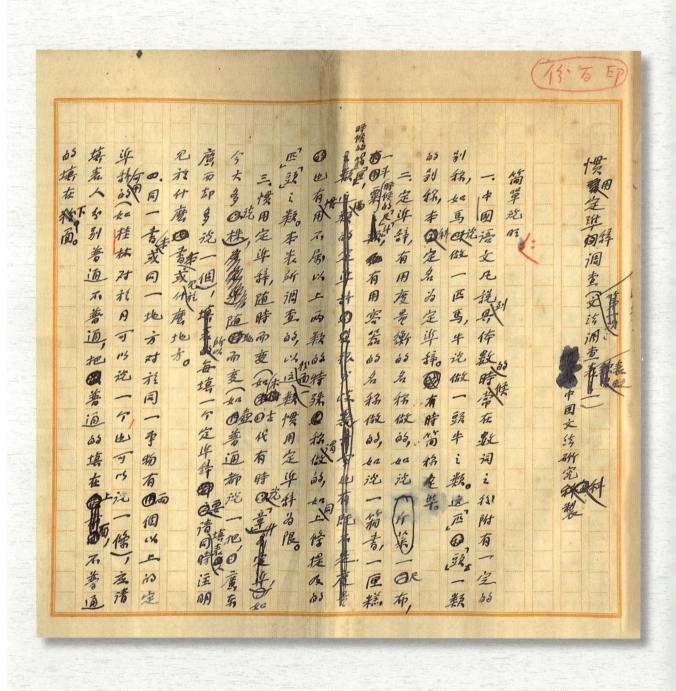

五、定华辞後面如果可以接"头子"一类的字，如"虎"可以说"虎头"，"傑"可以说"傑子"之类，请在表内附註欄裏註明。

六、除所列物名的定华辞外，如果还知道別的物名的定华辞可以供本科研究的，请在末尾空白表裏填明。

七、本調查表收回之後，将供本科研究定华辞之用，倘調理和分布狀况之用，填表人務请盡力填得詳確（如旅書最好填出兄弟我章第几節所說地方最好填出兄弟什么鄉分別普通不等通最好附上統計表），俾它有做科學的研究的

號數	1	2	3	4	5	6	7	8	9	10	11	12
物名	人	牛	馬	羊	雞	蛇	桌子	椅子	面盆	扇子	雨傘	鞋子
定华辞一 兒 歌												
定华辞二 兒 歌												
定华辞三 兒 歌 附註												

材料的價值。

號數	13	14	15	16	17	18	19	20	21	22	23	24	25	26	27	28	29	30	31
物名	鏡子	鐘	池塘	珠	灯	棍子	繩子	街	房子	筆	山	魚	狗	轎子	黃包車	衣袋	眼鏡	缸	茶壺
定畢一 見祥																		
定畢二 見祥																		
定畢三 見祥																		
備註(附)																		

填表人

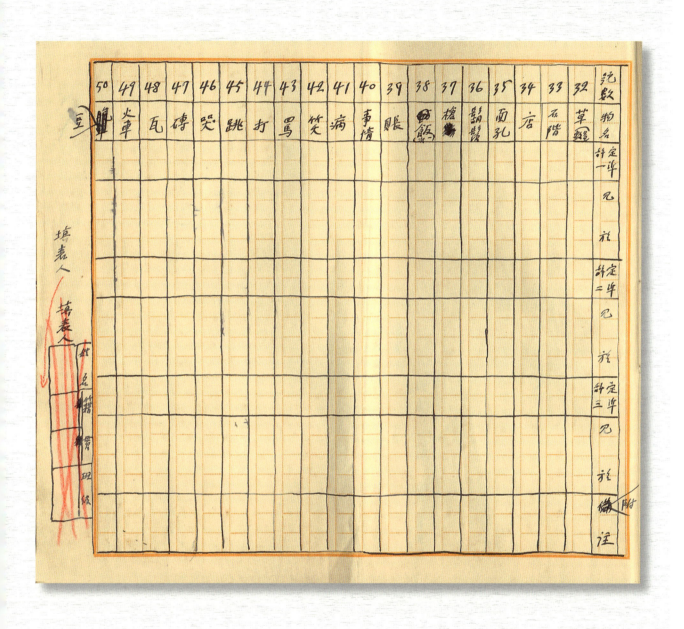

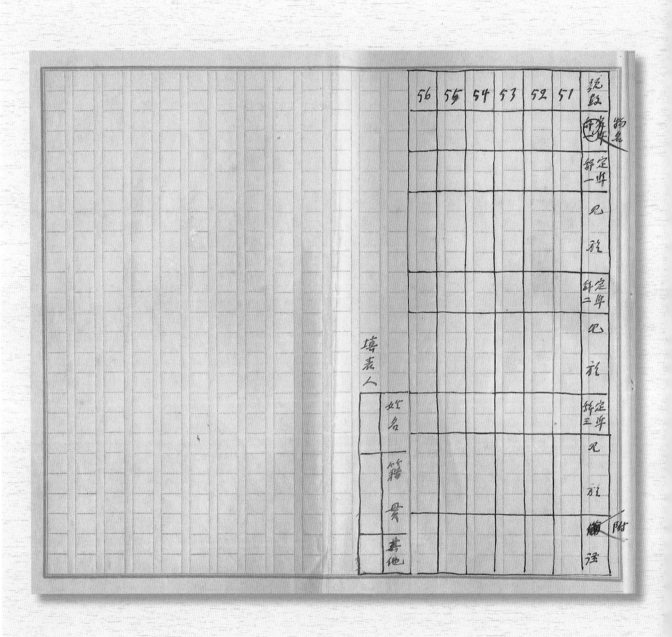